실패를 해낸다는 것

당신을 실패자로
규정짓는 편견에
맞서다

실패를
해낸다는 것

최재천

민음인

'실패를 해낼 줄 안다는 것'
실패와 당당히 맞서고, 실패를 권리로 삼을 줄 아는
그리하여 아름다운 인간이 되기를 바라는 아빠의 생각을
사랑하는 서연, 세연에게 전한다.

차례

누구나 '실패할 권리'가 있다

인간은 '실패하는 동물'이다. 이 책의 기초가 되는 인간관이다. 루소는 '사람은 자유롭게 태어났다.'고 했다. 대신 나는 사람은 '실패하기 위해 태어났다.'라고 말한다.

몽테뉴는 「공포론」 첫머리에서 "나는 다른 사람들이 생각하는 것처럼 인간의 본성을 연구하는 것이 아니라 인간이 어째서 공포에 무지한가에 관해 연구한다."고 했다.

다른 사람들은 성공만을 연구한다. 성공만을 이야기한다. 성공의 법칙만을 탐색한다. 세상에는 성공보다 실패가 더 많은데, 왜 실패에 대한 연구는 드문 것일까. 왜 실패라는 단어는 우리 시대의 금기어가 되고 말았는가.

그래서 나는 실패에 대해 이야기한다. 인간이 어째서 실패에 무지한가에 대하여, 끊임없이 실패와 직면하면서도 왜 그토록 실패를 두려워하는지에 대하여.

인간은 애당초 불완전한 존재다. 다만 인간은 실패를 경험하며 성숙해지고, 실패를 통해 배우는 존재다. 늘 실패와 마주해야 하고, 실패를 '해내야' 하고, 실패를 감내해야 하고, 실패를 극복해야 하는 존재다. 성공이 아니라 실패야말로 인간의 본질을 가장 잘 드러내 보이는 진실한 표현이다. 과정이고 결과다. 한편, 실패는 인간의 숙명이다. 지극히 겸손하게 실패에 접근하자면 인간은 실패로부터 도망할 수 없다. 나약한 인간으로서 그저 할 수 있는 일이라곤 실패를 줄이거나, 실패를 감추거나, 실패를 외면하거나, 실패를 감내하는 정도일지도 모른다.

하지만 인간은 늘 모든 면에서 그러하듯, 대단히 복합적이다. 그렇게 나약하지도 않다. 인간은 실패를 자양분 삼을 줄 안다. 실패를 통해 배울 줄 안다. 실패를 통해 성공으로 나아가는 경로를 탐색할 줄 안다. 실패쯤은 해낼 줄 알고, 실패를 권리 삼을 줄 안다. 실패를 의무로 삼아 늠름하게, 그리하여 새롭게 하루하루를 출발할 줄 아는 존재이기도 하다.

우리 사회는 실패에 대해 지독하게도 가혹하다. 단 하루도 실패와 더불어 살지 않는 날이 없으면서도 왜 이토록 실패에 대해 냉정하고도 가차없는 것일까. 왜 실패를 드러내거나 공론의 장에서 이야기하는 것을 꺼릴까.

성공은 과도하게 찬양된다. 실패는 내밀하게 매장한다. 세속적으로 성공한 사람들은 자신의 스토리를 과장한다. 대중들은 사이비 교주 찬양하듯 맹신한다. 우리 사회에서 실패는 한없는 부끄러움이요, 죄스러움이다. 그래서 고개를 파묻어야 한다. 대중들은 일시적인 패자에게 손가락질하며 낙인찍는다. 영원히 우리 사회에서 추방하려 든다. 이 책의 출발은 바로 이 지점이다.

실패는 철저히 개인화된다. 그래서 패자부활전이라고는 존재하지 않는다. 사회의 실패, 문화의 실패, 정치의 실패, 나라의 실패조차도 철저히 개인의 책임으로 돌려 버린다. 추악한 책임의 전가다. 실패에 대한 공론화가 부담스러운 나라이기에 실패에 공감할 수도, 실패를 공유할 수도, 다른 사람의 실패담을 통해 배울 수도 없다. 실패에 대한 분류도, 분석도, 빅데이터화도 애당초 불가능하다. 그래서 실패 사례 연구도 이뤄지지 않고, 실패학이라는 학문적 접근도 불가능하다. 근본적으로 실패를 인정하려 하지 않기에 실패에 대한 학습이 불가능하고, 사회적 공유도 부존재한 사회다. 실패로부터 배운다고 말로만 떠들 뿐, 전혀 배울 수 없는 사회적 구조다.

그나마 실패 사례로 공유되는 이야기들이 종종 있긴 하다. 하지만 이는 성공한 사람들이 자신의 성공 스토리를 미화하는 과정에서 동원되는 하나의 서사에 불과한 경우가 많다. 실패가 성공으로 이어지는 경우도 있지만, 그냥 실패로 끝나는 경우가 더 많다. 전자의 실패는 세상과 공유된다. 후자의 실패는 절대로 공유되는 법이 없다. 그렇다면 전자와 후자의 실패를 모두 합했을 때, 어느 쪽 비율이 더 높을까. 당연히 후자다. 우리는 마치 우주의 암흑물질처럼 보이지 않는 실패를 드러내야 하고, 공유해야 하고, 분석해야 한다. 거기에서 배울 수 있어야 한다. 그래서 인간은 '실패하는 동물'이 아니라 '실패를 해내는 동물', '실패를 해낼 줄 아는 동물'이 되어야 한다.

이 책은 실패에 대한 사고의 전환을 요청한다. 특히 1부에서는 실패에 대한 이해를 도모한다. 실패에 대한 성찰과 대화를 권유한다. 나는 지금까지 수많은 실패와 함께하면서 가장 세속적인 직업이라 할 수 있는 법률가와 정치가의 길을 걸어왔다. 이때 체득하고 가장 즐겨 사용한 방법론이 바로 사례 연구다. 나의 독선보다는 다른 이의 경험과 연구, 판례를 차용하는 걸 즐겨하다 보니 이 책의 방법론도 그런 식이 되었다. 국내외 그리고 과거와 오늘의 여러 사례가 씨줄과 날줄처럼 겹쳐 있다.

실패에 대한 태도와 관점의 전환을 위해 때로는 무리한 논리도 제공했다. 불편하지 않길 바란다. 다만, 누구라도 공감할 수 있는 사례를 찾아 제시하기 위해 노력했다. 우리 시대의 실패가 개인의 실패보다는 사회 구조적 실패, 나라의 실패라는 데 초점을 맞췄다. 왜 세상의 실패를 개인에게 전가하고, '노력'이라는 이름으로 강요하는가. 이건 다른 방식의 폭력이다.

2부에서는 다양한 각도로 실패를 비교하고, 분석하고, 체계화하려고 애써 보았다. 개인의 실패는 물론, 기업과 사회와 나라의 실패를 나열했다. 실용서의 범주를 벗어나지 않아야 했지만, 그럼에도 인간과 세상에 대한 철학과 가치관을 바닥에 깔려고 노력했다. 부분 부분 나의 세계관과 인간관이 돌처럼 깔려 있다. 부담이 되지 않길 바랄 뿐이다.

3부에서는 실패를 해내고, 새롭게 출발하는 이들을 위한 제안을 담았다. 철 지난 '꼰대'의 훈계가 아니어야 하는데 이미 가팔라지는 시대의 호흡에 뒤처져 감을 느끼는지라 이 또한 두려운 부분이다. 그저 불편함이 덜하길 바랄 뿐이다.

그나마 자부하고 싶은 짐이 있다. 이 책은 우리 사회에 처음으로 제공되는 실패에 대한 '기본서'다. 초안을 잡기 시작한 지가 2016년이다. 그러니 무려 6년이라는 세월이 소비됐다. 6년 동안 실패라는 단어를 화두 삼아 살아왔다. 말이건 글이건 그저 실패를 키워드 삼아 실패 사례를 채집하고, 실패에 대한 생각을 긁어모았다. 그래서 자연스레 이 책은 우리 사회에 부유하는 실패에 대한 모든 이야기를 정리하고 단순화시킨, 비록 작지만 하나의 실패 종합서이자 기본서가 되었다. 이제 다른 저술가나 학자들이 이 책을 기본 삼아 좀 더 깊고 넓게, 때로는 각론화시켜 펼쳐 나갈 수 있기를 기대한다.

무엇보다도 독자들이 이 책을 통해 실패를 성찰하고, 실패와 친해지고, 실패를 권리 삼을 줄 알았으면 좋겠다. 사회와 나라는 우리 시대의 젊은이들이 마음껏 실패하고 마음껏 뛰놀 수 있는, 공정하고 드넓은 운동장을 마련했으면 좋겠다. 그리하여 사람과 사회와 나라가 실패를 '잘' 해낼 수 있는, 그런 세상이 됐으면 좋겠다.

1부

실패를
위한 변론

1장

당신은 사기꾼이 아니다

"승자는 한 번 더 시도해 본 패자다."

— 해롤드 G. 무어(美 육군, 참전용사)

'사기꾼 vs. 경험자'

"더 많이 실패할수록 가치는 더 높아진다." 콘텐츠 플랫폼 '왓챠'에서 방영한 미국 드라마 「실리콘밸리(Silicon Valley)」의 대사 중 하나다. 천재 엔지니어인 주인공이 혁신적인 데이터 압축 기술을 개발해 벤처기업을 창업하면서 겪는 여러 해프닝을 그린 드라마다. 망하고, 일어서고, 소송당하고, 다시 성공하지만 결국은 '실패'로 끝난다. 그렇다면 주인공은 사기꾼일까.

당신이 벤처창업에 실패했다고 하자. 우리나라에서는

사기꾼 취급을 당한다. 하지만 미국 실리콘밸리에서는 경험자, 그것도 좋은 경험을 가진 사람으로 평가받는다. 이런 특별한 경험을 바탕으로 실패할 가능성을 줄일 수 있다고 보는 것이다. 성공과 실패, 실패와 성공을 거듭했던 애플의 스티브 잡스처럼 말이다.

원래 실리콘밸리는 부적응자들의 도시다. 통념을 벗어난 과격한 상상력으로 무장한 도시다. 실리콘밸리의 장점은 실패해도 남 눈치 볼 일 없고, 실패해도 아무도 손가락질하지 않는 데 있다. 실패는 인간의 본질임을 이해하고, 받아들이기 때문이다. 나도 실패할 수 있기 때문이다. 그래서 사람들은 다른 이의 실패에 대해 특별한 관심이 없다. 과정을 지켜볼 뿐이다. 그리고 성공을 응원할 뿐이다. 다들 실리콘밸리를 벤처의 도시라고 생각한다. 성공의 도시라고 생각한다. 맞다, 현상만 보자면 그렇다. 하지만 벤처가 가능한 토양을 살펴보면 실리콘밸리의 본질은 '실패'다. 실패에 대한 도전, 실패에 대한 관용, 실패를 경험과 과정이라 생각하는 접근 방식의 차이가 지금의 실리콘밸리를 만들었다.

그런데 어쩌다 한국에서는 실패한 사람이 사기꾼이 되고 말았을까. 자본이 부족한 사회라서 가족과 친지들의 돈을 끌어모아 사업을 시작했을 게다. 실력보다는 학벌이나 집안, 권력관계가 작동하다 보니 공정한 경쟁이 어려웠을 게다. 창업의 아이디어는 좋았겠지만, 생산하고 마케팅하는 과정이 결코 쉽지 않았을 게다. 그러다 보니 자금난에 휩싸이고, 직원들 월급 주기도 어려워지고, 가정에는 불화가 싹트고, 결국 창업은 실패로 끝나고 말았을 게다. 그렇다면 이런 실패를 대하는 우리 사회의 태도는 어떠할까. 사기꾼이라는 한 단어가 모든 것을 정의한다. 가족과 이웃의 돈과 믿음을 배반한 사기꾼이 되어 버리는 것이다.

패자부활전이
없는 사회

지금은 프로 야구가 대세지만, 1982년 출범하기 전까지는 고교 야구가 대세였다. 여러 대회 중 청룡기대회는 특별히 패자부활전 제도를 두고 있었다. 리그제가 아닌 토너먼트로 진행되는 경기에서 불공평을 제거하기 위해서 도입된 제도다. 대진운이라는 게 좋을 수도 있고, 나쁠 수도 있다. 그런데 운이 실력을 대신해서야 되겠는가. 이것은 스포츠 정신이나 교육의 본질에도 어긋날 수 있다. 아마 그런 이유로 패자부활전 제도를 두었을 것이다.

국제 올림픽에도 패자부활전을 도입한 종목들이 있다. 레슬링, 유도가 대표적이다. 역시나 불운으로부터 구제하는 시스템이다. 이렇듯 패자부활전은 재기 혹은 부활의 기회다. 미국에서는 '세컨드 찬스(second chance)'라 한다. 우리나라 대학입시에 비유하자면 재수다. 기왕 재수 이야기가 나왔으니 한마디만 짚고 가자. 한국의 대학입시야말로 가장 위험한 단판 승부다. 지난 20년의 학업, 앞으로 80년의 인생이 고작 이날 하루, 단판 승부로 결정된다. 하필 그날 감기몸살에 걸렸다면, 그래서 시험을 망쳤다면, 그게 과연 수험생의 잘못일까. 그 한 번의 기회가 수험생의 인생을 지배하도록 내버려 두는 것이 과연 옳은 일일까.

불행하게도 한국 사회에는 패자부활의 문화가 없다. 한 번 실패하면 끝이다. 대부분 한 번 탈락하면 끝이다. 설사 재기하더라도 그 꼬리표는 쉽게 떨어지지 않는다. 실패한 사람은 그저 패잔병일 뿐이다.

어쩌다 이렇게 됐을까. 한국 사회는 성공 지상주의 사

회다. 극단적으로 성공만을 추구하는 위험한 사회다. 그러한 성공의 가치도 권력이나 돈이라는 대단히 단순한 목표로 초점이 맞춰진다. 인간은 노력하는 한 실패할 수 있다는 본질을 받아들여야 한다. 나도 실패할 수 있고, 너도 실패할 수 있고, 우리도 실패할 수도 있다는 뻔한 사실을 인정해야 한다. 실패에 대해 관대해야 하고, 용인하는 문화를 만들어야 한다. 실패로부터 부활할 수 있는 사회를 만들어야 한다. 너도, 나도 실패할 수 있기 때문이다.

실패의 플랫폼을
구축하라

어린아이들에게는 공을 가지고 뛰어놀 수 있는 운동장이 필요하다. 운동장은 안전하고, 평평해야 한다. '기울어진 운동장'이어서는 안 된다. 나라는 평평한 운동장을 제공할 책임이 있다. 심판은 공정해야 한다. 나라는 공정한 플랫폼을 만들어서 깔아 주고, 보충적으로 개입하면 된다. 나라가 권력이라는 이름으로 지나치게 힘을 행사해서는 안 될 것이다. 나라는 공정한 플랫폼 위에서 모든 아이디어와 사람이 마음껏 뛰어놓을 수 있도록 만들어 주는 것으로 충분하다. 플랫폼 이론의 명언이 하나 있다. 미디어 전략가 톰 굿윈(Tom Goodwin)의 말이다.

"세계 최대의 택시 회사는 우버다. 그런데 우버는 자체 보유한 택시가 한 대도 없다. 세계에서 가장 큰 숙박업소는 에어비앤비다. 하지만 자체 보유 부동산은 하나도 없다. 세계에서 큰 미디어는 페이스북이다. 페이스북은 콘텐츠를 제작하지 않는다. 세계에서 가장 큰 상거래 업체는 중국의 알리바바다. 하지만 알리바바는 재고를 하나도 가지고 있지 않다."[1]

이것이 플랫폼이다. 더 이상 소유가 아니다. 권력은 더더욱 아니다. 흐름이다. 공유이자 공생이다. 실리콘 밸리는 바로 이런 플랫폼이자 도시다. 이런 도시에서 실패는 경험이자 자유다.

그렇다고 실리콘 밸리가 모든 실패에 대해서 관대한 건 아니다. 물론 실리콘 밸리에도 사기꾼들이 있다. '집에서 직접 뽑은 피 한 방울로 수백 가지 건강진단을 할수 있다.' 이는 스탠퍼드대학을 중퇴한, 엘리자베스 홈스가 실리콘밸리에서 창업한 벤처기업 '테라노스(Theranos)'의 캐치프레이즈였다. 회사 이름도 '치료(therapy)'와 '진단

(diagnostics)'에서 따왔다. 다들 홈스를 '제2의 스티브 잡스'라 불렀고, 실리콘밸리의 신화로 자리 잡았다. 기업가치는 10조 원까지 치솟았다. 하지만 이 모든 게 사기였다. 테라노스와 홈스의 신화는 산산조각이 났다.

　그렇다면 실리콘밸리에서는 이런 유형의 실패조차도 용인될 수 있을까. 아니다, 절대 아니다. 사기, 불성실, 신뢰에 대한 배반이야말로 실리콘 밸리가 가장 배척하는 가치다. 존중받는 것은 모험심이다. 창조적 아이디어다. 도전과 경험, 그리고 정직한 실패에 대한 회복 탄력성이다. 미국이라는 나라와 샌프란시스코라는 도시, 그리고 실리콘밸리라는 동네는 이런 사회문화를 만들어 나갔다. 긍정적 가치는 더욱 응원하고, 거짓된 가치는 철저히 배격함으로써 건강한 실패를 찬양하는 사회문화를, 토양을 만들어 냈다. 멋진 플랫폼을 구축해 낸 것이다.

우리도 실리콘 밸리를
모방한다, 하지만……

우리 시대 스타트업, 벤처 비즈니스 창조의 상징은 실리콘밸리다. 강조하지만, 실리콘밸리는 하루아침에 이루어지지 않았다. 결코 혼자의 힘으로 이루어지지도 않았다. 실리콘밸리는 거대한 플랫폼이다. 좀 더 들어가자면 본질은 혁신 생태계(innovation ecosystem)다. 여기에는 수많은 사람과 제도와 문화가 얽혀 있다. 창조적 개인, 수많은 스타트업, 연구소, 대기업, 대학, 엔젤투자자, 벤처캐피털, 로펌, 회계법인, 리크루팅 회사 등이 거미줄처럼 촘촘하게 연결된다.

우리뿐 아니라 전 세계에 실리콘밸리는 모델이다. 어떻게 하면 자기 나라에 실리콘밸리를 제대로 도입할 것인가를 연구하고 제안한 보고서는 어림잡아 수만 건이다. 한국도 검색해 보니 수백 건이 넘을 정도다. 하지만 간판만 바꿔 단다고 성공할 수 있는 건 아니다. 단순 모방은 그저 '짝퉁'일 뿐이다. 실리콘밸리는 결코 이식이 불가능하다. 쉽게 분석하자면 이렇다.

첫째, 실리콘밸리 특유의 문화인 '실패'에 대한 사회문화적 이해가 부족하기 때문이다. 벤처 정신에 충만한 젊은이들이 모여든다고 될 일이 아니다. 중요한 것은 실패를 감내하는 문화, 실패를 관용하는 문화, 실패를 응원하는 문화, 실패를 장려하는 문화다. 그런 사회다. 나아가 사회의 실패를 개인의 탓으로 돌리지 말아야 한다. 개인에게만 책임을 전가해서는 진보는 불가능하다.

둘째, 플랫폼이 부족하기 때문이다. 실패를 죄악시하지 않고, 패자부활이 가능한 그런 플랫폼 말이다. 패자부활의 플랫폼, 대기업보다는 벤처기업들이 마음껏 뛰놀고, 자유롭게 돈 벌 수 있는 그런 플랫폼을 구축하고, 공정한 경제질서를 구축해야 한다. 일시적 실패에 대한 사회적 안전망이 튼튼해야 한다. 그래야만 젊은이들이 자유로운 꿈을 꿀 수 있다. 어린아이들의 꿈이 공무원이거나, 부동산 임대업인 나라에는 희망이 없다. 미래가 없다. 스타트업 하기 좋은 자유롭고 개방적인 플랫폼을 만들어야 할 책임과 의무가 바로 나라의 의무요, 정치의 의무다.

실패를 통해 성공으로
나아가는 곳

파우스트가 말했다. 아니, 괴테가 파우스트를 통해 이야기했다.

"인간은 노력하는 한 방황하는 존재이며, 참된 인간은

잠시 어두운 충동에 동요할지라도 옳은 길을 망각하지 않는 법이다."

이 문장을 실패에 적용해 보자. '인간은 노력하는 한 실패하기 마련이다. 하지만 참된 인간은 잠시 실패하더라도 결코 자신의 길을 포기하지 않는 존재이다.' 그렇다. 인간은 실패할 수 있고, 실패하는 존재라는 사실을 받아들이는 데서 우리는 출발해야 한다.

왜 미국 자본주의의 중심 월스트리트가 아니라 실리콘밸리일까. 월스트리트는 성공만이 찬양되는 곳이다. 하지만 실리콘밸리는 성공만큼이나 실패도 똑같이 대접받는 곳이다. 그렇다면 야심에 찬 젊은이들이 어느 곳으로 향하겠는가. 당연히 실리콘밸리다. 실리콘밸리는 그저 실리콘밸리가 아니다. 2017년 말 기준, 시가총액 1,000억 달러가 넘는 상장된 기술기업은 전 세계에 단 14개다. 이중 실리콘밸리에만 7개가 있다. 실리콘밸리에 있는 상위 150개 상장 기술기업의 가치를 합치면 3조 5,000억 달러. 우리 1년 GDP의 두 배가 넘는다. 그래서 실리콘밸리는 실패의 문화를 성공의 문화로 바꾸는 곳이다. 실패를 내걸고 실패를 공부하며 실패를 징검다리 삼아 성공으로 건너가도록 도와주는 동네가 바로 실리콘밸리다. 그리고 이런 징검다리는 뒤(제2부 10장)에서 살펴보겠지만 대단히 제도적이다.

2장

실패는 네 탓이 아니다

"한 번도 실패하지 않았다는 건 새로운 일을 전혀 시도하고 있지 않다는 신호다."

— 우디 앨런(영화감독)

실패를
변명하지 마라

여우가 포도밭을 지나게 됐다. 포도가 먹고 싶어 펄쩍 뛰었다. 여러 차례 힘을 다해 뛰어 보았지만, 번번이 실패했다. 결국, 포기했다. 떠나면서 여우가 한마디 했다.

"저 포도는 너무 시어 빠져서 맛이 없을 거야."

이솝 우화는 수백 년을 살아남은 지혜다. 우화의 메시지는 분명하다. '실패를 변명하지 말라는 것.' 그렇다. 변명할 필요가 없다. 강조하지만 실패는 '권리'다. 당신이 정당하게 행사한 권리다. 그렇다면, 권리의 행사에 대해 책임지면 된다. 나머지는 구차한 변명이다.

하지만 세세하게 들여다보면 다른 논리가 성립된다. 세상에는 불공정한 일이 많다. 부모님의 도움으로 사다리차를 동원할 수 있는 사람이 있을 것이다. 누군가에 의해 무동 태워져 포도를 따 먹을 수 있는 아이도 있다. 가게에 가서 포도를 사 먹을 수 있는 사람도 있다. 포도를 따 먹지 못하고 '그래, 신 포도일 거야.'라 변명했다고 비난할 수 없는 이유는 이토록 수없이 많다. 변명할 거리가 있다면 변명해도 된다. 하지만 변명할 거리가 없는데 변명을 해서는 안 된다. 자기 책임에 정직해야 한다.

또 하나, 변명 못지않게 위험한 것이 '회피'다. 실패를 온전히 자신의 몫으로 받아들이기란 쉽지 않다. 설사 그 모든 책임이 자신에게서 비롯됐다고 판정되더라도 말이다. 그런데 책임을 교묘하게 회피하는 사람들이 있다. 가장 쉬운 수단은 거짓말이다. 자기 합리화다. 자신만 빠져나가면 된다고 생각하는 이들도 많다. 나 몰라라 하기도 한다. 이미 다 알고 있었으면서도 나중에 상황이 정리되고 나서 "그런 일이 있었어? 난 몰랐네. 그래, 고생했어."라는 이들도 있다. 철저한 '책임회피형' 인간들이다. 사실 세상에는 이런 사람들이 더 많을지도 모른다. 한편으론 인간의 자기 보호 본능이기도 하겠지만.

실패는 네 탓이다

권리의 행사에 따른 최종적 책임은 당신에게 있다. 그러니 변명부터 하려 들지 마라. 책임을 전가하려고도 하지 마라. 스스로 결정해서 스스로 만들어 낸 결과라면 그 실패에 대해서는 스스로 책임져야 한다. 이것이 권리행사의 대원칙이다. 권리는 내가 행사하고, 책임은 남에게? 이건 아니다.

당신이 실패했다고 하자. 그렇다면 곰곰이 생각해 보자. 실패의 원인이나 책임이 당신에게 있는가? 아니면 당신을 제외한 다른 사람 또는 세상에 있는가? 당신에게 있다면 당신 탓을 해야 하고, 남에게 있다면 그때는 남 탓을 하자. 다만, 남의 탓이 아닌데도 남 탓만을 하는 것은 권리행사의 원칙에 반한다. 어린아이가 길바닥에 넘어져 무릎이 까지면 자신을 탓하지 않는다. 길바닥의 돌 탓을 한다. 그래서는 안 된다.

한국 불교 조계종이 아닌, 일본 불교 조계종 창시자로 도원 선사가 있다. 도원 선사는 '타시비아(他是非我)'를 주장했다. '다른 사람이 내가 아니기 때문에, 다른 사람이 나를 대신할 수 없다.'는 것. 누가 나를 대신해서 인생을 살아 주겠는가. 세상의 모든 책임은 궁극적으로 자기 책임이다. 자기 결정이고, 자기 노력의 결과다. 그것이 근대 국가의 핵심 원리요, 시민계급의 탄생 이후 사람 사는 세상의 대원칙이다. 인간이라면 이런 원칙에 충실할 필요가 있다.

종교운동 중 하나로 '내 탓이오.'가 있다. '모든 게' 내 탓이라는 의미가 아니다. 나부터 변하자는 것이다. 이는 종교적 차원이지 우리가 지금 이야기하는 세속의 책임 원리와는 당연히 구분되어야 한다.

그럼에도 세상일이 단순하지는 않다. 세상은 철저히 관계망으로 구성된다. 어디까지가 내 책임이고, 혹은 다른 이의 책임인지 구분하기란 쉽지 않다. 실패의 책임 원칙은 내가 잘못했을 때만 내가 책임을 진다는 것을 뜻한다. 나는 아무 잘못이 없는데, 그리고 내가 한 일은 없는데, 주변 사람들의 도움도 전혀 받지 못했는데, 프로젝트가 실패했다고 결과에 책임을 지라고 한다면 쉽게 동의할 수 있겠는가? 내가 잘못한 만큼만 책임을 져야 한다.

당신을 제외한
모든 사회에 책임이 있다

첫째, 사랑의 실패를 전제해 보자. 사랑은 상대적이다. 실패가 온전히 자신만의 탓일 수가 있을까. 책임은 상대적이고, 상호의존적이다. 온전히 내 탓만인 것은 아니다.

둘째, 세상에서 혼자 할 수 있는 일은 거의 없다. 대부분 팀플레이거나 상호작용이 필요한 일들이다. 그렇다면 책임을 나눠 가져야 한다. 정직하게 권리와 책임의 소재를 주장할 줄 알아야 한다. 모든 책임을 내가 뒤집어쓸 필요가 없다. 뒤에서 적겠지만, 실패의 책임을 해부할 수 있어야 한다. 그러므로 억지로 뒤집어쓰지 마라.

휴대용 정보 단말기 팜(palm)의 아버지라는 제프 호킨스의 2002년 스탠퍼드대학 강연이다. "여러분은 회사 자체가 아니며, 제품 자체도 아닙니다. 회사에서 실패했다고 생각해도 실패한 것은 회사나 제품이지 여러분 개인이 아닙니다. 다만 자신이 실패했다고 느꼈을 뿐입니다."[1]

셋째, 내가 아닌 사회와 나라의 구조적 책임이 더 크다. 빌 게이츠가 그랬다. 자신이 미국 땅에서 태어났기 때문에 IT업계의 리더가 될 수 있었다고. 정직한 고백이다. 내전 중인 나라에서 태어난 아이, 폭력적인 독재국가에서 오늘을 사는 젊은이들, 이들에게는 어떠한 책임도 없다. 대체 누가 이들에게 책임을 지울 수 있단 말인가. 만일 이들에게 실패가 주어졌다면, 모든 책임은 그들을 제외한 사회에 있다. 나라에 있다. 권력에 있다. 이것이 내가 주장하는 실패의 구조적 책임론이다.

덧붙일 이야기가 있다. 즐겨 사용하는 비유로 '루저와 사회적 약자론'이 있다. 사회적 약자는 실패로부터 보호받아야 한다. 이들의 실패는 개인이 아닌 사회나 국가의 책임에 기인하기 때문이다. 이들에게 책임을 개인화시켜서는 안 된다. 사회나 국가가 책임을 가져가야 한다. 그런데 결코 사회적 약자가 아니면서, 사회적 약자인 척하는 이들을 만날 때가 있다. 이들은 결코 약자가 아니다. '스스로 자처하는' 루저일 뿐이다. 자신의 게으름과 부도덕을 되레 사회에게 전가한다. 자기 연민에 빠져 어설프게 동정을 구한다. 순전히 자기 탓임에도, 세상만을 탓한다.

실패가 내 탓이 아닌
또 다른 이유

해양 세력과 대륙 세력의 접점이라는 지정학적 측면에서, 한반도에서 살아온 사람들과 이들의 역사를 생각하면 참으로 고맙고 눈물겨울 때가 많다. 하지만 다음 오천 년을 생각하면 이런 감정은 걱정과 두려움으로 변한다. 자칫 우리가 실패한 나라를 만들고 있는 건 아닌가. 그래서 이 땅의 사람들을 온통 패배자로 만들고 있는 건 아닌가 해서다.

잠시 한국 사회를 돌이켜보자. 우리는 지금 아이를 낳지 않는다. 결혼하지 않는다. 사교육에 집안의 사활을 건다. 수도권에 아파트 한 채 마련하느라 모든 것을 쏟아붓는다. 청소년들은 잠이 부족하다. 예체능 시간도 가장 부족하다. 교통사고 말고 자살이 청소년들의 죽음 원인 첫 번째를 기록한다. 청소년 자살률은 벌써 10여 년째 압도적으로 1위다. 그 원인은 누구나 안다. 극단적 경쟁에 따른 학업 스트레스, 한국식 교육 시스템, 대학입시 시스템이 아이들을 죽음으로 몰고 가는 것은 아니었을까. 한국 사회는 여전히 그 실패를 교정하려 들지 않는다. 최악의 교육 실패요, 정책 실패다.

　우리나라의 자살률, 노인빈곤율은 OECD 국가 중 1등이다. 사회적 약자나 소수자들은 여전히 보호받지 못한다. 오히려 혐오의 대상이 되기도 한다. 시장경제가 아니라 시장사회다. 세상은 다시 원시 정글이다. 속된 표현으로 '너 죽고 나 살기'식이다. 누군가가 그랬다. 한국은 전 세계에서 가장 극단적인 자본주의를 택하고 있는 사회라고. 그런데 경제적 불평등은 갈수록 심화되고 있다. 재산과 지위의 대물림은 중세 봉건주의를 되살려 놓았다. 더 이상 개천에서 용이 나올 수 없다. '가재·붕어·개구리'로 살다 가라 한다. 무엇보다도 고통스러운 현실은 우리가 스스로 묻고 스스로 답하는 철학적 인간의 삶을 놓아 버렸다는 점이다. '어디서 왔는지', '왜 사는지', '어디로 가는지'라는 가장 원초적인 질문을 잃어버렸다. 그러곤 슬그머니 '소확행'을 강요한다. 도대체 '내가 꿈꾸는 삶이란', '내가 생각하는 성공이란' 무엇인지, 나아가 '나에게 있어 실패란 어떤 의미가 있는지', '실패를 통해 무엇을 어떻게 배울 것인지'를 묻지 않는다. 묻는 것을 두려워한다. 이야기하는 것을 금기시한다. 이것이야말로 인간으로서의 본질을 스스로 포기하는 것과 같다. 나라가 실패하고 사회가 실패하면 이 땅의 사람들 또한 결코 성공할 수 없다. 한국 사회는 지금 구조적 실패를 향해 달려가고 있다. 다들 이런 현실을 인정하면서도 애써 외면한다. 두렵다.

실패를 받아들이되
실패를 뛰어넘어

어느 경제학자가 말했다. "당신이 어디에서 태어났는지, 어떤 아버지를 두었는지를 안다면 나는 당신의 생애 소득을 맞출 수 있다." 맞는 말이다. 한국에서 태어난 아이와 북한에서 태어난 아이의 평생 소득은 다를 수밖에 없다. 한 개인의 성공과 실패는 대부분 나라와 사회라는 구조적 차원에 달려 있다. 한 사람의 성공과 실패는 사실 어떤 부모를 만날 수 있었는지에 달려 있다. 슬프지만 현실이다. 이렇듯 출발의 조건은 차별적일 수 있다. 이뿐 아니다. 내 의지와 상관없는 선천적인, 예를 들어 성별, 신체 조건, 부모님의 직업, 학력, 재력 등이 내 일생에 미치는 영향을 추정해 보자. 특히, 우리 사회의 '할아버지의 경제력, 아빠의 무관심, 엄마의 정보력'은 얼마나 불공정한가.

이런 구조적, 태생적, 사회적 문제를 외면한 채 인간의 노력과 성공과 실패는 온전히 한 개인에게, 개인의 의지와 노력에 달렸다고 몰고 가는 건 폭력이다. 그러니 실패에 대해 지나치게 자책할 필요가 없다. 여기, 마음을 편하게 해 줄 핑곗거리가 있다.

누군가 노벨상 수상자에게 장난스럽게 물었다. "당신의 발견은 노력인가요, 운인가요?" "과학적 발견은 육체노동입니다. 하지만 우연성, 달리 표현하자면 운이 결정적입니다."[2] 과학의 영역에도 운이 작용하기도 한다. 우리의 인생도 그렇다. 노력이 모든 걸 해결해 주진 않는다. 한편으론 인간이 겸손해야 하는 이유이기도 하다.

이 장의 결론은 책임을 전가하라는 것이 아니다. 회피하라는 것은 더더욱 아니다. 인간인 이상 책임 앞에 정직해야 한다. 다만, 한 사람의 성공과 실패에 작동하는 요소들은 수없이 많다. 실패에 대한 모든 책임을 온전히 내 탓으로만 돌리기에는 세상은 충분히 복잡하다. 이런 엄연한 현실을 정직하게 인정하는 데서 출발하고, 때로는 개인적으로, 어떤 부분은 사회적으로, 제도적으로 그리고도 남는 부분은 종교의 영역에 맡겨야 한다. 실패의 여러 측면을 이해하는 것, 실패를 쪼개어 분석하는 것, 거기서 인간이 할 수 있는 일과 없는 일을 분간하면서 성공을 향해 노력하는 것. 이것이 인간의 일이요, 숙명이다.

3장

제발 남 눈치 좀 보지 마라

"내가 이렇게 하면 남들이 뭐라고 생각할까? 늘 이런 생
 각에 사로잡혀 있는 사람은 노예일 뿐이다."
— 쇼펜하우어(철학자)

래퍼가 '자퇴 계획서'를
쓴 이유

2018년 Mnet 「고등래퍼 2」에서 우승을 차지한 김하온은
고등학교 '자퇴 계획서'를 써서 부모님을 설득했다.

먼저 김 씨의 '학교를 자퇴해야 하는 이유'다.

"(학교는) 시간과 에너지 그리고 돈 낭비이고 대학을 안
가는 나에겐 정말 의미 없는 곳이며 다닐 이유가 없는 곳
이다."

다음으로 계획.

"작업물과 무대 경험을 바탕으로 각종 오디션 프로그램에 참여하여 나를 알리고 좋은 성적을 거둔다. 독서를 생활하고, 방 안에만 갇혀 있지 않는다. 그렇다고 너무 겉으로만 돌지 않는다."

마지막으로 다짐.

"(학교에서 보내는) 8시간이 3번 연속되면 24시간을 낭비하는 건데 그건 정말 어리석은 짓이다. 그들이 틀렸다는 걸 내가 증명해 내겠다."[1]

이것은 단순한 자퇴 계획서가 아니다. 기성의 평균적인 삶, 통념과 눈치에 대한 '독립선언'이다. 자신의 삶에 대한 설계도다.

다른 모델도 있다.

2017년 10월, 팀을 LoL 월드챔피언십(롤드컵) 결승에 올려놓은 페이커(이상혁)다. 전 세계 게이머들에게 존경받는 그 또한 자퇴생이다. 자퇴를 권유한 사람이 특별하다. 담임 선생님이 나서서 아버지를 설득했다. 게이머의 전성기는 중·고등학교 때인 모양이다. 선생님은 그걸 이해하고 다른 경로를 권유했다.

"저는 고등학교에 다니다가 중간에 나와서 그런지 머리에 든 게 없어요. 저를 부러워하는 친구들도 있겠지만, 공부해서 자기를 발전시키는 것도 나쁘지 않은 것 같아요."[2]

학교 공부가 공부의 전부일까. 이런 식으로 문제에 접근한다면 다들 비웃을 것이다. 학교라는 제도 자체를 부정하자는 것이 아니다. 아인슈타인의 말이라고 전해지는 문장이 하나 있다.

"모든 사람은 천재다. 하지만, 당신이 나무를 오르는 능력으로 물고기를 판단하면, 물고기는 한평생 자신이 바보라고 믿으며 살 것이다." 이 지점이다. 사람마다 재능과 적성은 다르다. 외길을 걸을 필요가 없다. 물고기는 물길을, 원숭이는 나무를 오르면 된다. 학교라는 통념에 지나치게 사로잡힐 필요가 없다. 한국 사회는 남 눈치를 너무 본다. 획일적인 사회라서이기도 하지만, 지나치게 남을 의식한다. 그렇게 남 눈치 보다가 정작 내 길을 잃게 된다.

실패의 절대 기준,
수능시험

한국 사회는 불행하다. 성공의 즐거움보다는 실패의 고통에 시달리는 사람들이 더 많은 것 같다.

첫째, '왜 사는가?'라는 삶의 본질적 의미에 대한 질문을 애써 외면하기 때문이다. 좀 더 철학적인 삶을 추구해야 한다. 둘째, 성공의 기준이 지나치게 단순하고, 획일적이고, 위계적이다. 공부, 돈 아니면 권력뿐이다. 셋째, 학벌 지상주의의 폐해다. 어릴 때부터 공부, 공부 하다가 대학수학능력시험을 기준으로 1등부터 꼴등까지 줄을 '쫙' 세워야만 그것이 공정하다고 믿는 사회다. 개인의 창의성과 다양성은 시험이라는 제도 아래서 철저히 억압된다. 시험이, 학교가 '공정하다는 거대한 착각'에서 벗어나지 못한다. 다들 그 기준만으로 눈치를 보며 살아간다. 수능이라는, 고작 열아홉 살 시절의, 단 한판의 거대한 도박으로 한 인간의 생애를 성공과 실패로 갈라놓는다. 모두가 이 비극을 체험했거나 겪고 있으면서도 바꿀 생각은 하지 않는다. 한국 사회는 '실패사회'다.

어느 박사학위 논문이었던 것 같다. '왜 사람들은 그렇게도 서울대에 가고 싶어 할까.'가 주제였다. '서울대를 졸업한 사람들은 자신이 그곳 출신 이유만으로 얼마나 혜택을 누렸는지를 잘 안다. 그래서 자녀를 보내려는 것이고, 비서울대 출신은 자신이 서울대를 나오지 않았다는 이유만으로 얼마나 차별받았는지를 느꼈기 때문에 서울대에 보내고 싶어 한다.'라는 결론이었다. 학벌에 대한 과도한 숭배가 학벌 지상주의를 낳았다. 학벌이 사회를 지배한다. 학벌이라는 물신이 세상을 지배하면서 시험과 공부라는 획일적 가치가 학창 시절을 평가하는 절대 기준이 되고 말았다. 그 기준 하나로 존중받거나 멸시당한다. 당연히 이 기준으로 세상을 살아가지 않을 수 없다. '눈치의 기준'이 됐다. 희생당하는 것은 인간의 다양성과 개성이다. 단지 시험 성적이 좋지 않다는 이유만으로 열패자로 매도되는 세상, 그리고 그 기준에 맞춰 억지로 살아가야 하는 학생들의 고통에 우리는 왜 공감하지 않는 걸까.

학교는 실패의 뿌리다

언젠가 프랑스 대표 신문 《르 몽드》지는 우리 청소년들을 두고 '세상에서 가장 불행한 아이들'이라고 표현했다. "가장 경쟁적이고, 가장 고통을 주는 교육"이 불행의 원인이었다.[3]

이를 실증할 수 있는 2017년 한국개발연구원(KDI) 조사가 있다. 한국, 미국, 일본, 중국 등 네 나라의 대학생 각 1,000명씩을 대상으로 물었다. "당신은 고등학교 시절을 어떻게 기억하느냐? ① 사활을 걸었던 전쟁터 ② 거래하는 시장 ③ 함께하는 광장" ①번으로 답한 비율이 일본은 14%, 미국과 중국은 40% 내외, 한국은 81%였다.[4]

사실은 전쟁터보다도 더 가혹하다. "일등만 기억하는 더러운 세상"이라는 유행어가 있었다. 학업 실패자라는 낙인은 어린 가슴을 후벼 파고 깊은 상처로 남는다.

도대체 교육이란 무엇인가. 학교란 무엇이어야 할까. 무엇을 가르치고, 무엇을 배우자는 것인가. 교육의 목적이 오로지 대학입시라면 이것도 교육이라 할 수 있을까. 그렇다고 치자. 그런데, 교육의 최종 목표이자 평가 수단이 되고 있는 우리의 대학입시 제도는 과연 공정한가? 개인의 학습 능력과 노력으로만 평가받을 수 있는 제도인가? 그렇게 설계되어 있는가? 한두 번 실패해도 얼마든지 회복할 기회가 공평하게 주어지고 있는가? 마이클 샌델의 책 제목 그대로 '공정하다는 착각' 속에 살고 있는 것은 아닐까.

학교는 오로지 대학입시를 위해 존재한다. 학교의 절대가치는 전인격 양성이 아니다. '시험 선수'를 길러 내는 곳이다. 더구나 서울대라는 일극(一極)을 중심으로 서열화된 한국의 대학 제도는 거의 대다수를 실패자로 만들어 버린다. 학교는 이미 여러 과목의 포기자를 양산해 내며 패배자를 양성하는 곳이 되고 말았다. 대학, 대학입시, 시험, 학교로 연결되는 실패는 그저 청소년만의 실패가 아니다. 교육의 실패만도 아니다. 사회의 실패요, 나라의 실패요, 미래의 실패다.

어떤 기준이 절대화된 사회에서는 그 기준으로부터 결코 자유로울 수 없다. 시험과 성적이 바로 그렇다. 말도 안 되는 이런 가치를 좇느라 정작 삶은 황폐해지고 만다. 그렇게 청소년기의 삶을 망가뜨려 놓고도 아무도 이런 실패에 대해 책임지려 하지 않는다. 그 책임을 철저히 아이들에게 전가한다. 실패 중의 실패다.

인생은 스포츠
경주가 아니다

노르웨이는 인구가 550만 정도다. 겨울 올림픽에서 종합 순위 1, 2위를 차지하곤 한다. 우리처럼 메달에 대한 보상 제도가 있는 것도 아니다. 언젠가 미국 언론이 분석해 봤다. 한 선수의 인터뷰다. "역설적이게도 성공을 위한 시스템이 아니기 때문에 성공할 수 있었다."[5] 노르웨이에서는 어린아이들의 스포츠 게임에서 점수조차 기록하지 않는다. 상상조차 하기 어렵다.

그럼 우리나라는 어떨까. 지난 2020년 가을, 독일 공영방송 도이체벨레(DW)가 K팝 아이돌 그룹의 육성 시스템을 비판하는 기사를 실었다. "스타로의 성공을 꿈꾸며 친구와 가족을 뒤로하고 몰려들지만, 낙오하면서 실패자라는 오명을 얻는다." "이는 마치 올림픽에 나갈 선수를 선발하는 것만큼이나 가혹한 게임이다."[6]

한국 사회에서는 모든 게 경주다. 인생도 경주고, 공부도 경주다. 비즈니스도 경주다. 심하게 표현하자면 우리는 사람이 아니라 마치 경마장의 경주마인 듯하다.

반복하지만 삶의 모든 일을 게임으로 규정하고 나면 승패가 분명해지는 장점은 있다. 단순화시키는 쾌감도 있다. 하지만 삶의 모든 일을 어떻게 승패라는 이분법으로만 규정할 수 있을까. 더구나 한국에서 패배는 경험이 아니다. 부끄러움이다. 때로는 수치다. 그래서 위축되고, 어쩔 수 없이 눈을 밑으로 내리깔거나, 남 눈치를 보게 된다.

게임의 참여를 내가 결정했을까? 아니다. 등 떠밀려 참여한 경우가 많았을 것이다. 게임의 규칙을 만드는 데 나도 참여했을까? 아니다. 대부분 주어진 규칙일 것이다. 그렇다면 게임의 규칙에 전적으로 동의했을까? 이해하고 동의한 경우도 있었겠지만, 어쩔 수 없이 동의하거나 다 이해하지 못한 채 뛰어든 경우가 많았을 것이다. 이것도 나의 인생이라고 할 수 있을까. 물론 보편적인 목표, 보편적인 규칙, 보편적인 제도는 존재한다. 그 보편성을 전적으로 수용해야만 할까. 그건 아니다. '내 인생은 나의 것'이다. 나는 하늘 아래 가장 귀한 존재다. 내 삶의 방향과 목표와 노력은 전적으로 내가 결정한다. 그래서 인생을 경주로 내몰지 말아야 한다.

무소의 뿔처럼
혼자서 가라

'제발 남 눈치 보지 않고 살았더라면.' 사람들이 죽을 때 후회하는 몇 가지 중 하나다. 남의 인생이 아니라 내 인생을 살아야 세상을 떠날 때 후회가 덜할 것이다.

남 눈치를 본다는 것은 다른 사람 삶의 기준을 내 삶에 억지로 끌어오는 일이다. 인간은 사회적 존재이기에 남을 의식하지 않을 수 없다. 그래서 비교 없는 세상은 존재하지 않는다. 나를 거울에 비춰보듯 비교를 통해 좌표를 조정하는 일이라면 권할 만한 일이다. '나는 왜 저 친구보다 늦게 일어나지, 저 친구는 저렇게 열심히 사는데…' 이런 비교야 충분히 일상적이다. 아무런 문제가 없다.

불행을 다루는 상담 심리학 책들이 일관되게 지적하는 지점이 있다. '비교'다. 지나친 비교다. 기준이 남이 되다 보니 자아가 사라지고 만다. 성공과 실패의 기준도 마찬가지다. 내가 기준을 세워야 하는데 자꾸만 비교하려 든다. 마라톤을 하더라도 내 호흡으로, 내 보폭으로 뛰어야 하는데 자꾸만 다른 선수를 경계하거나 의식하느라 정작 내 페이스를 잃고 마는 식이다. 그래서 지나친 비교는 불행의 씨앗이다. 비교를 통해 자존감을 획득하기보다는 자꾸 무리한 비교를 통해 왜소해지거나 교만해진다. 이것이야말로 불행이다.

모든 것을 상대화했을 때, 인간의 한 생애는 모두 게임이 되고 만다. 평생 경쟁 속에서 살아가는, 시장의 노예가 되고 만다. 물론 근본적인 문제는 오로지 경쟁만을 우상처럼 섬기는 우리 사회다. 줄 세우기를 공정이라고 착각하는 이런 나라가 어디 있겠나. 공정한 경쟁의 룰조차 마련하지 않은 채 마치 경주마처럼 경쟁을 강요한다. 그렇게 살다, 그렇게 간다. 우리 사회는 개성과 존엄이라는 본질로 되돌아가야 한다. 다만, 스스로 중심을 잃지 말아야한다. 남의 인생이 아닌 내 인생을 살아야 한다. 누군가가 울타리를 뛰어넘어 내 텃밭을 쑥대밭으로 만들고 있다면, 누군가가 내 삶의 비전을 훼방 놓거나 좌지우지하려든다면 가만둘 것인가. 나는 나다. 당신은 당신이다.

4장

과감하게 포기하라

"실패는 그저 다시 시작할 기회다. 이번에는 좀 더 똑똑하게 처리하라는."

— 헨리 포드(기업인)

그대로 멈춰라

2020년 6월, 코로나 여파로 오프라인 졸업식에 참석하지 못한 졸업생들을 위한 가상졸업식 '디어 클래스 오브 2020(Dear Class of 2020)' 행사가 열렸다. 행사에는 버락 오바마 전 미국 대통령 부부, 최연소 노벨평화상 수상자인 말랄라 유사프자이 등 세계적인 인물들이 참여했다. 한국인으로서는 방탄소년단이 참여했다. 그날 멤버 진의 졸업사 중 일부다. "저는 걸음이 느린 대신 남들보다 조금 더 시간을 들이는 습관을 갖게 됐습니다. 춤 연습을 할 때도 멤버들보다 조금 앞서 준비를 하곤 하죠. 어디로 가야 할지 모르겠다면 조급해하지 말고 잠시 멈추어 보세요."[1]

그렇다. 잠시 멈춰 보자는 것이다. 길을 잃으면 불안해진다. 엄마의 손을 놓쳐 버린 어린아이가 울면서 앞으로만 내달리듯 누구나 실패하면 조급해진다. 조급함은 또다른 실패로 이어진다. 그럴 땐 그 자리에 서 있는 것만으로도 더 큰 실패를 예방할 수 있다.

내가 일하는 곳은 광화문 네거리다. 복도 모퉁이에 서면 광화문 교보생명에 걸린 글판을 읽을 수 있다. 지난해 여름, 어느 시귀가 특별했다. 백무산 선생의 「정지의 힘」이었다. 글판에 적힌 시귀가 조금 짧아 추가했다. "세상을 멈추는 힘, 그 힘으로 우리는 달린다. / 정지에 이르렀을 때, 우리는 달리는 이유를 안다. / 씨앗처럼 정지하라, 꽃은 멈춤의 힘으로 피어난다."[2]

그렇다. 정지의 힘, 멈춤의 가치를 인정하자. 멈춰 섰을 때 새로 시작할 수 있다. 사막에서 모래 폭풍을 만나면 그 자리에 서 있어야 한다. 밤새 길을 찾아 나아갔는데 아침에 확인해 보니 근처를 맴돌고 있었다는 이야기가 있다. 길을 잃었을 때는 멈춰 서서 사방을 둘러볼 필요가 있다. 이때의 멈춤은 쉼이 아니다. 나침반을 다시 살펴보는 시간이다. 방향을 재정립하고 목표를 재점검하는 시간이다. 그동안의 실패에 대한 성찰의 시간이다. 방전된 정신과 체력을 비축하는 시간이다. 그래야 우리는 새롭게 출발할 수 있게 된다.

실패가 가장
두려웠다

2008년, '해리 포터' 시리즈의 작가 J. K. 롤링이 하버드대학 졸업식에 섰다. "제가 여러분 나이에 가장 두려워했던 것은 가난이 아닌 실패였습니다. 여러분이 하버드를 졸업한다는 사실은 실패에 익숙지 않다는 것을 의미합니다. 아마도 여러분은 실패가 두려워서 성공을 갈망하고 있을지도 모릅니다."(류웨이위, 『나를 바꾸는 하버드 성공 수업』)[3] 실패에 대한 두려움을 은유적으로 풀어낸 아름다운 연설이다. 그럴 것이다. 하버드를 졸업한다는 것은 대단히 성공 친화적인 삶을 살아왔다는 증거일 것이다. 역으로 실패에 대한 경험이 부족하고 실패라는 문화에 익숙지 않다는 것을 의미할 수 있다. 이는 자칫 한 번의 실패에도 좌절할 가능성이 있게 된다. 대신 그 실패가 두려워 성공에 대한 강박에 빠질 수 있다. 롤링은 부드러운 수사로 졸업생들에게 교훈을 던진 것이다.

늘 강조하지만, '물어야 한다.' '내가 왜 성공을 꿈꾸는지', '어떤 성공을 꿈꾸는지', 정반대로 '내가 무엇을 두려워하는지', '왜 두려워하는지'도 물어야 한다. 질문의 크기가 깨달음의 크기라고 했다. 스스로 과격한 질문을 던질 수 있어야 한다. 스스로 답해 봐야 한다. 성공과 실패를 물어야 하고, 그 가능성에 대해 답해 봐야 한다.

인간은 '나약한 동물'이다. 나약함은 인간의 본성 중 하나다. 하지만 나약함이라는 본성이 신중함을 낳았고, 신중함이 인간을 지구의 지배종으로 만들었을 것이다. 그래서 실패에 대한 두려움은 인간의 본성이다. 두려움이 본성이기에 실패에 대한 두려움을 탓할 순 없다. 하지만 그 두려움이 나를 잡아먹도록 놓아두어서는 안 된다. 내가 두려워하듯 남들도 두려워한다. 그 두려움이 두려워 시도조차 하지 못하는 이들이 있다. 시행착오조차 받아들이지 못한다. 과도한 두려움은 잠시의 멈춤조차도 허용하지 않는다. 때론 멈춰 서서 자신을 되돌아보고 다시 출발할 수 있는 용기를 다져야 하는데도 무작정 앞으로만 나아가려 한다. 순전히 실패에 대한 두려움 때문이다.

두려움이 두려움을 낳는다

2017년 OECD가 발간한 '중소기업 경영환경 보고서'를 보면 한국은 '창업 실패에 대한 두려움' 항목에서 OECD 37개국 중 7위를 기록했다. 응답자의 40% 이상이 '실패할까 두려워 창업이 꺼려진다.'고 답했다.[4] 낯설고 새로운 일을 마주할 때면 두려워하는 것이 당연하다. 하지만 새로운 비즈니스에 대한 도전정신이 부족하다면 이는 문제가 될 수 있다. 그 두려움이 구조적인지, 아니면 사회문화 탓인지 개인의 심성 탓인지도 살펴봐야 할 것이다.

실패에 대한 두려움에는 여러 단계가 있을 것이다. 처음부터 막연히 두려운 경우다. 모험과 도전을 회피하고 안정만을 추구한다. 다음으로 한번 실패한 경험을 가진 사람이 갖는 두려움이다. 특히 패자부활전의 문화가 자리 잡지 못한 우리 사회에서는 더욱 그렇다. 실패의 트라

우마가 주는 심리적 공식은 이렇게 전개된다. 실패를 경험했다. → 과도한 좌절감에 사로잡힌다. → 자신감을 잃게 된다. → 부정적 감정이 내 삶을 지배한다. → 다시 도전하고자 하는 의지를 상실한다.

'부정성 편향'이라는 용어가 있다. 하필 실패나 좌절 같은 부정적 경험은 긍정적인 경험보다도 훨씬 더 우리 인생에 영향을 미친다. '긍정의 힘'이 아닌 '부정의 지배'다. 이렇듯 한 번의 실패는 깊은 흉터가 되어 마음속에 트라우마로 자리 잡고 재도전의 장애물이 되고 만다.

그 대표적인 예를 스포츠에서 찾을 수 있다. 유로 2004 예선전, 잉글랜드가 페널티킥을 얻어냈다. 킥의 정확도라면 당대 최고이던 데이비드 베컴이 키커로 나섰다. 실패했다. 본선 프랑스전에서도 베컴이 키커로 나섰지만 실패했다. 8강전은 승부차기까지 갔는데 베컴이 첫 번째 키커였다. 또 실패였다. 페널티킥 '실패의 공포'를 끝내 극복하지 못한 베컴은 국가대표팀 키커의 역할을 반납하고 말았다.

두려움은 인간의 본성이기에 회피할 순 없다. 하지만 인간의 존엄을 두려움의 노예로 만들어선 안 된다. 무엇이 두려운지 물어야 한다. 그 두려움의 뿌리를 찾아 나서야 한다. 두려움은 더 큰 두려움을 가져오기 때문이다.

매몰 비용에
집착하지 마라

"애덤 스미스가 고전 경제학의 아버지라면, 대니얼 카너먼은 현대 경제학의 대부다."라는 찬사가 있다. 심리학자로 노벨 경제학상을 받은 행동경제학의 대부 카너먼에 대한 평가다.

카너먼과 『생각에 관한 생각』을 공동 집필한 제이슨 츠바이크가 블로그에 카너먼의 성격을 적었다. "그를 보면서 가장 경이로웠던 건 우리가 방금 끝낸 걸 그대로 폭파시킬 수 있는 능력이었다." 정리한 원고를 보내면 카너먼은 순식간에 전혀 새로운 버전의 원고를 보내오곤 했다. "어떻게 이전 초안을 전혀 쓴 적도 없는 사람처럼 다시 시작할 수 있나요?" 묻자 카너먼이 츠바이크에게 잊지 못할 대답을 남겼다. "나한테는 매몰 비용이 없어요."5

물론 '끝날 때까지 끝난 것은 아니다.' 하지만 뻔한 실패를 눈앞에 두고도 굳이 그 최종적 확인이 두려워 회피하는 경우도 있다. 실패임을 알고도 포기하지 않는 이상, 실패는 무한정 지속되고 눈덩이처럼 불어난다. 실패한 것은 실패한 것이다. 실패한 것을 실패했다고 인정하는 용기가 필요하다. 과감하게 '손절매'해야 한다. 그러곤 새로운 다짐으로, 새로운 시도로 나아가야 한다.

실패를 경제학적으로 정의할 수도 있다. '기회의 상실' 혹은 '비용의 증가'다. 차라리 경제학적 분석에 멈추고 만다면 그나마 나을지도 모른다. 하지만 실패의 '지연처리'는 더 큰 실패로 나아간다. 실패에 대한 과도한 심리학적 저항과 결합됐을 때 그 위험성은 더욱 강렬하다.

매몰 비용에 집착하여 잘못된 판단을 한 사례를 살펴보자. 세계에서 가장 빨랐던 초음속 여객기가 있다. 1960년대 영국과 프랑스가 공동으로 개발했던 '콩코드'다. 초음속이라 소음이 심했다. 연료 소모도 엄청났다. 대기오염도 심했다. 투자 비용은 천문학적이었다. 그런데도 두 나라는 매몰 비용임이 분명한데도 계속 밀고 나갔다. 운행하면 할수록 적자의 폭은 늘어났다. 하지만 지금까지 투자한 게 아깝고 책임소재나 실패했다는 오명이 두려워 멈출 수가 없었다. 콩코드는 취항한 지 30년이 지나서야 멈춰 섰다.

때론 포기하라

성공한 유대인 기업가에게 물었다. "당신을 성공으로 이끈 건 무엇인가요?" "첫째는 끈기입니다, 둘째도 끈기입니다." "또 있나요?" "셋째도 끈기라 말하고 싶네요." 장내에 웃음이 번지기 시작했다. "혹시 넷째도 끈기입니까?" 벌써들 웃기 시작했다. "아니요, 그때는 이미 저도 포기했겠지요."

최선을 다했는데도 실패할 수 있다. 그럼에도 끝장을 보겠다며 계속 나아가는 선택지가 있다면 과감하게 포기할 수 있는 선택지도 존재한다. 포기해야 할 때는 과감하게 포기할 수 있는 플랜B를 가지고 있었다는 점에서 이 기업가는 특별했다.

포기하라는 것을 오해하여 그저 모든 것을 포기하라는 말로 받아들이진 않을 것이다. 매몰 비용을 버리라는 것. 과감하게 심리적 미련을 떨쳐 내라는 것이다. 대신 정확한 비전과 목표라면, 그리고 전인격을 건 승부라면 역시나 결코 포기해서는 안 된다고 말해야 한다. 영국의 윈스턴 처칠 수상이 제2차 세계대전이 끝나고 난 뒤 옥스퍼드대학 졸업식에서 했던 축사다. "포기하지 말라!(Never give up!)" 축사는 계속됐다. "Never, Never, Never, Never give up!"

알리바바 창업자 마윈의 좌우명은 "영원히 포기하지 않는다."이다. 그의 어록을 살펴보면 그는 성공을 직접 정의하지 않는다. 대신 실패를 통해 성공을 정의한다. 그가 생각하는 실패는 곧 '포기'다. 역으로 포기하지 않는 한 시도하게 되고, 이것이 곧 성공이라는 것이다. 이런 담대함이 마윈을 세계적인 기업가로 이끌었다. 하지만 모든 사람이 이럴 순 없다. 마윈의 두려움 없는 도전 의식은 지극히 예외적이다. 그렇다고 마윈이라고 늘 성공했던 것만은 아니다. 긴 흐름에서 보면 지금의 마윈은 '일시적 실패'를 겪고 있다. 인생의 큰 흐름, 긴 목표는 결코 포기해서는 안 된다. 그러나 작은 실패, 중간 실패에 대해서는 얼마든지 포기가 가능하다. 삶의 궁극적인 목표와 비전은 '결코, 포기하지 말라.'지만 작은 승부에 집착할 필요는 없다. 언제든 포기할 수 있는 것이다.

5장

잊어라

"삶에서 가장 중요한 것은 무엇을 맞이했는지가 아니라
어떤 일을 기억하고, 어떻게 마음에 새기고 있는가다."

— 가브리엘 마르케스(소설가)

절대 뒤돌아보지
마십시오

영국 프리미어리그 맨시티의 감독인, 세계적인 명장 호
셉 과르디올라 감독에게 물었다. "당신이 끊임없이 우승
컵을 들 수 있는 이유는 무엇인가?" "가장 위대한 이들은
하나의 승리 이후 샤워를 하면서 (이전 경기는 잊어버리고 곧바
로) 다음 경기만을 생각한다. 이것이 바로 스포츠다. 모든
것은 사라진다. 다음 시즌도 마찬가지다."[1] 그렇다. 그래
서 잊어야 한다. 잊을 줄 알아야 한다. 승리도 잊어야 하

지만, 실패 또한 잊어야 한다. 세상에 영원한 것이 어디 있겠는가. 세상에서 변하지 않는 유일한 진리는 '모든 것이 변한다는 것'뿐인데. 그래서 과르디올라는 세계적인 명장으로 군림하고 있는 것 같다.

그런데 말이야 쉽다. 프로야구 광팬으로 살던 시절이 있었다. 언젠가 9회 말 홈런을 얻어맞고 역전당하길래 화가 나 휴대전화를 내던진 적도 있을 정도다. 그날 밤이야 당연히 분통이 터지고, 다음 날도 결코 잊기가 쉽지 않았다. 그런데도 승패를 잊고 앞으로 나아간다.

이런 표현이 가능할 것이다. 세상을 떠난 이에게는 '잊혀질 권리'가 있고, 살아 있는 이에게는 '잊을 수 있는 권리(능력)'가 있다.

몇 년 전 세상을 뜬 미국 연방대법원의 전설, 루스 베이더 긴즈버그가 있었다. 그는 진보층과 젊은 층 사이에서 '노터리어스(Notorious) RBG'라고 불릴 정도로 인기가 많았다. 그가 워싱턴 연방항소법원에 갓 부임했을 때, 선임법관이 충고했다. "판사님 저는 이 일을 오래 해 왔습니다. 어떤 사건이든 법관으로서 최선을 다하십시오. 다만, 변론을 종결하고 판결을 선고한 다음에는 절대 뒤돌아보지 마십시오. 지나간 일은 걱정하지 마시고, 다음 사건으로 넘어가서 온 힘을 다 쏟으십시오."[2]

과거에 사는 사람들이 있다. 성공이건 실패건 마찬가지다. 젊은이들이 불편해하는 '리떼는 말이야.'라는 말처럼 오늘을 살지 않고 과거를 살아가는 이들이 있다. 실패의 고통을 어찌 말로 표현할 수 있겠는가. 수치심, 죄책감, 인간관계의 몰락까지 실패의 고통은 포괄적이다. 물론 과거를 반성하는 것은 중요하다. 하지만 과거에 발목 잡혀서는 안 된다. 잊는 것이 중요하다.

잊는 게 상책이다

중국 장시성 징더전(景德鎭)은 예로부터 도자기 산지로 유명한 곳이다. 대대로 도자기를 만들어 내다 팔던 젊은이가 있었다. 어느 날 시장에 가기 위해 무거운 짐을 지고 산길을 걸어갔다. 짐을 잘못 묶었던지 지게에서 도자기가 하나둘 떨어져 깨지고 있었다. 뒤에서 걷던 친구가 소리쳤다. "큰일 났어! 도자기가 떨어져 깨지고 있어. 빨리 살펴봐!" 그런데도 젊은이는 걸음을 재촉했다. 그러면서 말했다. "이미 깨져 버린 것을 어떡하겠소. 다시 짐을 꾸

렸으니 충분하오."

물론 우화일 것이다. 하지만 메시지는 분명하다. 지나간 일, 후회해서 무엇 하겠는가. 잊는 게 상책이다.

과거로부터 자유로운 사람이 누가 있을까. 지나치게 과거에 집착하는 사람들이 종종 있다. 이들은 과거의 성공으로부터도, 실패로부터도 자유롭지 못하다. 과거의 실패에만 사로잡혀 이를 한탄하느라 미래로 나아가지 못한다. 이들은 결코, 오늘을 사는 사람들이 아니다.

사회도 마찬가지다. 과거의 아픈 역사에만 집착하는 이들도 있다. 물론 잊어선 안 된다. 용서할 수 없는 역사도 많다. 하지만 시선이 지나치게 과거에 머문다면 미래는 어떻게 될까. 처칠이 답했다. "만약 우리가 현재와 과거를 서로 경쟁시킨다면 미래를 놓치게 될 것이다."

반복하지만 과거를 반추하지 말자는 것이 아니다. 과거에 머물지 말라는 것이다. '오늘을 살라.'는 것이다. 같은 실패를 반복하지 않기 위해서는 당연히 과거를 잊어선 안 될 것이다. 실패를 떠올리고, 실패를 분석하고, 다시는 같은 실패를 되풀이하지 않도록 되씹어야 한다. 하지만 어떠한 경우에도 우리는 오늘을 살아가는 사람들이다. 지나치게 과거에 사로잡혀 정작 오늘을 잊고 산다면 이는 실패를 되풀이하는 꼴이 된다. 그럴 바에야 과거를 잊어라. 과감하게 과거로부터 도망쳐 나와야 한다.

마이클 조던의
마음 훈련

미국 NBA의 전설 마이클 조던이 실패에 대한 철학을 남기지 않았을 리 없다. "나는 선수 생활 동안 9,000번 이상 슛을 놓쳤다. 거의 300번의 경기에서 패했다. 승패가 뒤집히는 결정적인 상황에서 슛(winning shot)을 실패한 적도 26번이나 된다. 나는 살아오면서 실패하고, 실패하고, 또 실패했다. 그것이 내가 성공한 이유다."[3] 모든 슛이 다 림을 통과하는 것은 아니다. 이것이 농구요, 이것이 스포츠다. 실패와 성공은 항상 함께한다. 동반자다. 쌍생아다. 이것이 림을 벗어나는 농구공을 잊어야 하는 이유 중 하나다.

조던은 끝없는 경쟁심과 상대 선수에 대한 분노를 고양시켜 이를 열정 삼아 뛰는 독특한 캐릭터였다. 사실 이런 성격은 과거로부터 자유롭기가 쉽지 않다. 좋은 스승이 필요했다. 시카고 불스 시절 감독이었던 필 잭슨은 불교,

그중에서도 '선(禪)' 수행법을 코트로 가져왔다. 조던이 평정심을 갖고 지금 이 순간에만 온전히 집중하도록 도왔다.

요즘은 한국 프로야구 구단들도 이런 부분, 흔히 말하는 '멘탈'이라는 영역에 시간과 투자를 아끼지 않는다. 정신과 전문의들을 주치의로 두고 언제나 상담할 수 있도록 돕고 있다. '잊어버리는 연습'이 주요한 상담 목록이다.

스포츠 선수들의 승부욕은 강할 것이다. 강한 만큼 패배의 고통 역시 강력할 수밖에 없을 것이다. 누군가는 이들에게 '잊어버려.'라고 조언하겠지만, 그게 어디 쉬운 일이겠는가. 그렇다고 흘러간 패배에만 젖어 있는들 다음 경기를 어떻게 준비하고 승리할 수 있겠는가. 잊어버리는 것도 연습이 필요하다. 훈련이 필요하다. 때로는 도움이 필요하다. 부끄러워서 숨기자는 것이 아니다. 도망가자는 것이 아니다. 이기기 위해서 잊자는 것이다.

실패와 성공은
늘 함께한다

미국에서 출간된 『역사상 가장 형편없는 열 개의 야구팀』

이라는 책이 있다. 책은 '야구란 실패와 함께하는 게임'이라 규정한다. 미국 프로야구 메이저리그는 연간 162경기를 치러야 한다. 우승팀이 되더라도 1년에 60~70경기는 패하게 되어 있다. 한국 프로야구 KBO리그 2021년 우승팀인 KT 위즈는 총 144경기 중 76승 9무 59패 승률 0.563을 기록했다. 이렇듯 늘 승리와 패배는 함께한다.

일본이 낳은 야구 스타 스즈키 이치로의 말이다. "아무리 훌륭한 타자라도 열 번 중 일곱 번은 실패한다. 나는 여러 차례 실패를 거치면서 좀 더 나은 타자가 되기를 희망해 왔다. 어떤 사람들은 나를 천재라 부르지만 나는 천재가 아니다."[4] 3할대 타자라면 한국에서도 당연히 강타자다. 미국도 그렇고, 일본도 그렇다. 역으로 따지자면 7할은 실패다. 성공한 3할을 보느냐, 실패한 7할을 보느냐의 문제이기도 하다. 이렇듯 야구는 더더욱 실패와 친한 스포츠다.

메이저리그를 대표하는 전설적인 홈런 타자 베이브 루스는 22년 동안 714개의 홈런을 쳤다. 한동안 침체기에 빠져들던 야구의 인기를 되살린 선수다. 훗날 명예의 전당에도 올랐다. 루스는 홈런왕이다. 하지만 '삼진왕'이다. 그가 기록한 삼진 아웃은 무려 1,330개나 된다.

그래서, 실패에 집착하지 말자는 것이다. 성공만 바라보는 사람이 있을 수 있다. 또 실패만 바라보는 사람이 있을 수 있다. 홈런만 바라보는 사람이 있는가 하면 삼진아웃만 바라보는 사람이 있을 수 있다. 반복하지만 성공과 실패는 늘 우리 인생과 함께한다.

성공의 길을 걷기 위해서는 시행착오는 필수다. 실패를 분류하자면 과정에서의 실패와 결과에서의 실패로 구분할 수도 있다. 과정은 성공했지만 결과는 실패한 경우도 있을 것이고, 결과는 성공했지만 과정이 공정하지 않아 실상은 실패했던 경우도 있을 것이다. 하지만 분명한 건, 어떠한 경우에도 실패와 성공은 빛과 어둠처럼 동행한다는 것이다. 성공 없는 실패 없고, 실패 없는 성공 없다. 실패는 저 멀리 떼어 놓고 오로지 성공과만 함께하겠다는 생각은 애당초 틀렸다.

과거를 통제하라, '망각'의 힘

기억력 부문 기네스 세계기록 보유자 에란 카츠에게 물

었다. "어떻게 하면 좋은 기억력을 가질 수 있나요?" "기억력이 좋으면 일상이나 사회생활에서 매우 유용하지만 잘 잇는 것은 행복을 위해 중요합니다." 그는 뜻밖에도 기억만큼이나 '망각'의 중요성을 강조한다. 인생의 성공을 위해선, 행복을 위해선 의식적으로 과거의 일들을 잘 잊어버리기 위해 노력해야 한다는 것. "잘 잊지 못하면 새로운 일을 시작하기도 힘들고 새로운 사람을 만날 수도 없다. 컴퓨터와 마찬가지로 오래된 파일들은 지우고 포맷해야만 새로운 것을 만들어 낼 수 있다."[5]

그렇다. 기억하는 것만큼이나 망각할 줄 알아야 한다. 망각의 의미는 여럿이 있다.

첫째, 과거로부터의 '자유'다. 실패건 성공이건 마찬가지다. 과거에 발목 잡혀서는 안 된다. 창조란 끊임없는 자기 부정이고, 끊임없는 자기 극복이다. 과거의 자신을 넘어서지 않고서는 새로운 창조란 있을 수 없다. 그래서 과거를 잘 잊을 줄 알아야 한다.

둘째, 과거에 대한 '용서'다. 과거와의 '화해'다. 돌이켜 보면 지난 시절 부끄러운 삶의 흉터들이 얼마나 많은가. 때로는 소름 끼칠 정도다. 두렵기도 하고, 끔찍하기도 하고, 어떻게 여기까지 왔나 싶기도 하고. 한편, 과거의 자신이 원망스럽기도 하다. '왜 그랬을까. 왜 그렇게밖에 못한 거니. 그 길밖에 없었니…' 미숙하고 철없는 과거의 자신에 대해 용서할 줄 알아야 한다. 치기 어린 젊음과 화해할 줄 알아야 한다. 그래야 평화롭다. 그래야 오늘을 살아갈 수 있고, 내일을 향해 나아갈 수 있다.

셋째, 망각은 '적극적'이다. 결코, 소극적이지 않다. 니체의 말이다. "망각은 천박한 사람들이 믿고 있듯이 그렇게 단순한 타성력이 아니다. 오히려 이것은 일종의 능동적인, 엄밀한 의미에서의 적극적인 저지 능력이다. … 망각이 없다면 행복도, 명랑함도, 희망도, 자부심도, 현재도 있을 수 없다. 이러한 장치가 파손되거나 기능이 멈춘 인간은 소화불량 환자에 비교될 수 있다. 그는 무엇도 해결할 수 없다."[6] 이렇듯 망각은 긍정적이다. 과거로부터의 부정적 영향을 차단하는 적극적 행위다. 그리고 비움으로써 다시 채울 수 있는 긍정적 태도다.

6장

빨리 실패하라, 반드시 실패하라

"한 번 실패와 영원한 실패를 혼동하지 말라."

— 스콧 피츠제럴드(소설가)

빨리 실패하라

'일찍 실패하고, 자주 실패하고, 진취적으로 실패하라.' 흔히들 이 명제를 '실리콘밸리의 법칙' 혹은 '피터의 법칙'이라고 부른다. 이를 줄여 아예 '빨리 실패하라.'로 말하는 이들도 많다.

'빨리 성공하라.'가 아니라 왜 하필 '빨리 실패하라.'일까. 빨리 실패하는 것이 도리어 빨리 일어서는 길이기 때문이다.

그래도 조금 불분명하다. '일찍 성공하고, 계속 성공하고, 진취적으로 성공하라.'가 더 낫지 않을까. 아니다. 반복하지만, 실패 없인 성공 없다.

첫째, 실패를 받아들이고 실패에 대한 경험을 쌓아 가라는 것이다. 실패를 거쳐야 할 과정으로 받아들이라는 것이다. 실패에 익숙해지고 실패로부터 배울 때 진정한 성공을 이뤄 낼 수 있다는 의미다.

둘째, 실패가 갖는 긍정적 의미를 찾아내라는 것이다. 실패는 실패가 아니다. 오지선다형 시험에서 처음부터 정답을 가려낼 수도 있지만, 아닌 것들을 차근차근 지워 내는 방식의 문제 풀이도 있다. 아닌 것을 찾아내는 것도 하나의 성공이다.

셋째, 실패를 통해 진실을 알 수 있다는 것이다. 심리학자 지그문트 프로이트가 말했다. "실패를 거듭하다 보면 비로소 진실의 전모를 알게 된다." 이것이야말로 실패의 진정한 가치다. 스포츠 경기에서 지고 나면 약점이 훤히 드러난다. 이기고 나면 그 약점조차도 묻히고 만다. 이런 이치다.

넷째, 직설적인 표현을 빌려 오자면 "죽은 아이 나이 세지 말라."는 것이다. 뻔한 결과, 뻔한 실패를 정직하게 시인하고, 바로 포기하라는 것이다. 불필요한 노력을 줄이라는 뜻이다. 실패에서 빨리 손을 떼라는 것이다.

'빨리 실패하라.'의 모델이 있다. 유니클로 창업자 야나이 다다시의 지서전 제목은 『1승 9패』다. "아홉 번 실패하더라도 계속 도전해 소비자의 요구에 맞는 업태, 상품, 매장을 만들어 한 번만 승리하면 된다. … 비즈니스는 이론대로, 계획대로 되는 것이 아니다. 빨리 실패하고, 빨리 깨닫고, 빨리 수습하는 것이 나의 성공 비결이다."[1]

5,126번의 실패

먼지 봉투가 필요 없는 청소기인 다이슨사의 듀얼 사이클론이 나오기 전까지 지난 100년 동안, 진공청소기에 대한 불만은 하나도 변한 게 없었다. 먼지 봉투 구멍이 막히는 거나 봉투에 먼지가 가득 차면 청소기의 흡입력이 약해져서 사실상 기능이 마비되기 일쑤였다.

발명가이자 산업디자이너 제임스 다이슨은 진공청소기를 출시하기까지 5년 동안 집 뒤 창고에서 5,127개의 제품 모형을 만들었다. 1979년 그는 처음 봉투 없는 청소기 아이디어를 생각했다. 이를 실현하기 위해 독립했다.

15번째 모형을 만들었을 때 셋째 아이가 태어났다. 3,721번째 모형을 만들었을 때는 경제적으로 어려워 아내가 아르바이트에 나서야만 했다. 마지막 시제품이 제작된 날은 1992년 5월, 그의 마흔다섯 번째 생일날이었다. "나는 실수를 5,126번이나 저질렀으니 (세상 사람들의 눈에는) 실패자입니다." 남들은 5,126번의 실패를 이야기했지만, 다이슨은 "아니다. 시제품(Prototype)이다."[2]라고 했다. 그의 방법론은 단순하다. '만들고 부수고, 만들고 부수고'다. 만드는 것도 성공이고, 부수는 것도 성공이다. 모든 과정은 성공을 향해 나아가는 사다리니까.

에디슨도 비슷한 말을 남겼다. 그가 전구를 발명하고 있을 때의 이야기다. "무려 1만 번이나 실패했는데 어때세요? 당신처럼 유명한 사람에게는 끔찍한 경험이겠죠?" "실패라니요.. 오늘까지 저는 전구로 사용하지 못할 1만 번째 방법을 알아냈는데요." 무한 긍정인가. 아니다. 안 되는 것을 안 된다고 확인하는 것 자체가 성공이다. 가설을 하나씩 확인해 가는 것, 그것이 과학이다. 그래서 남은 가능성에 집중하고, 그 가능성이 성공으로 연결되는 것이다. 그래서 과정으로서의 실패에 일희일비할 필요가 없다. 문제는 목표다. 먼 곳을 바라보는 시선이다.

물론 쉽진 않다. '나는 왜 안 되지?' 혹은 '왜 나만 안 돼.' 이렇게 생각하는 것이 보편적 습성이다. 그리고 경제적으로도 성공에 이르기까지의 긴 시간을 버틸 만한 사람이 과연 몇이나 되겠는가. 수많은 어려움 때문에 목표를 세우고도 중간에 그만둬야만 하는 프로젝트가 얼마나 많은가. 그럼에도 실패에 대한 좌절보다는 실패에 대한 긍정이 성공의 길에 더 가까울 것이다.

반드시 실패하라

구글이라고, 애플이라고, 아마존이라고 성공의 역사만 써 온 것은 '절대' 아니다. 구글이야말로 성공보다는 실패의 사례가 더 많다. 인터넷에서 '구글 실패'를 쳐 보면 이력이 화려하다. 소셜미디어 핀터레스트에는 구글의 실패작만을 모은 '구글 묘지(The Google Cemetery)'라는 페이지까지 있을 정도다. 몇몇 사례만 보자. 2010년, 구글은 온라인 협업을 도와주는 구글 웨이브를 출시했다가 곧바로 철수했다. 또 구글 글래스를 얼마나 기대했던가. 지금 구글 글래스는 어디에 처박혀 있을까.

구글의 광고 부문 수석 부사장 수전 워치츠키가 '구글 8대 혁신의 원칙'을 설명했다. 다섯 번째가 "반드시 실패하라."다. 원래 구글이 이런 식일까. 구글의 모토는 '사악해지지 말자.'다. 하지만 구글의 독점성을 생각하면 이 모토가 반대로 해석되듯, 이 또한 '반드시 성공하라.'는 반어법일까.

구글에 'X 프로젝트'가 있다. 실현 불가능한 꿈이 곧 목표다. 이를테면 지구와 우주 사이에 엘리베이터를 건설해 우주여행을 가 보자는 프로젝트가 그 하나다. 책임자는 애스트로 텔러. 정식 직함은 '캡틴 오브 문샷스.(Captain of Moonshots)' 성공한 빅테크 기업 오너들은 복장이 특이한데, 텔러의 옷은 다른 식으로 특별하다. 그의 티셔츠에는 'safety third'라고 적혀 있다. 'safety first'를 비아냥거린 것이다. '안전제일'이 아니라 '안전은 뒷전'이다. 한마디로 '사고를 치라.'는 것이다.

다들 실패에서 배우라고들 하지만, 이들은 그때까지조차도 기다릴 필요가 없다고 생각한다. 그렇다면 이들의 꿈은 조급한 성공의 꿈인가, 아니면 조급한 실패의 꿈인가. 이들에게는 '빨리 실패하라.'는 명제조차 허용되지 않는다. 실패를 확인하고 배우려 드는 순간 그때는 이미 늦었다는 것. 빠른 실패보다도 '더 빠른 실패'가 이들의 목표다. 텔러의 입을 통해 그 의미를 확인해 보자. "실패할 일을 어째서 내일이나 다음 주까지 미뤄야 하나요?"[3]

이런 방식으로 구글은 오늘도 실패의 신화를 써 내려가고 있다. 성공보다는 실패를, 그것도 느린 실패보다는 더 빠른 실패를 장려한다.

실패하지 않았다는 것은
시도조차 하지 않았다는 것

유통가 양대 산맥인 롯데 신동빈 회장과 신세계 정용진 회장이 2022년 신년사에서 동시에 인용해 화제가 된 말이 있다. 북미 아이스하키 역사상 최고의 선수로 꼽히는 웨인 그레츠키의 말이다. "시도조차 하지 않은 샷은 100% 빗나간 것과 마찬가지다.(You miss 100 percent of the shots you never take.)" 뒤늦지만 한국도 실패를 장려하는 기업문화가 만들어지고 있다는 긍정적 조짐이다.

세계적 음료 기업 코카콜라는 어떤가? 오늘날 코카콜라는 위기다. 탄산음료가 건강에 해롭다는 이유로 갈수록 규제가 강화되고 있기 때문이다. 지난 2017년, 코카콜라는 영국 리버풀대학에서 전기공학을 전공하고 줄곧 회사에서 일해 온 제임스 퀸시를 최고 경영자로 내세웠다. 그의 취임사가 특이했다. "위기에 빠진 코카콜라가 다시 일어설 수 있는 방법은 '실패하는 것'이다."라고 선언했기 때문이다. 표현에 흥미를 느낀 언론들이 인터뷰를 통해 확인했다. 그는 일론 머스크를 예로 들었다. "새로운 것에 도전하다 보면 당연히 실패는 따라온다." 그런데 "코카콜라는 지금까지 실패하지 않았다. 이는 코카콜라가 새로운 시도나 노력을 하지 않았다는 의미다."라고 부연했다. 그가 내건 새로운 기업문화가 바로 '실패하는 문화'였다. 현실에 안주해 온 코카콜라의 내부 문화에 강력한 문제를 제기하며 도전과 모험의 문화를 장려하고 나선 것이다.[4]

앞서 말한 롯데나 신세계 또한 비슷한 상황이었을 것이다. 최근 온라인 유통 시장의 급격한 변화를 떠올려 보자. 변하지 않으면 생존할 수 없게 된 것이다. 도전 없이 변화할 수 있을까. 실패 없이 성공할 수 있을까.

웨인 그레츠키만 그렇게 표현했던 것이 아니다. 미국의 기업문화 속에는 실패에 대한 장려가 오래전부터 자리 잡고 있었다. 발명가이자 사업가인 찰스 F. 케터링은 "처음부터 잘되는 일은 아무것도 없다. 실패, 또 실패, 반복되는 실패는 성공으로 가는 길의 이정표다. 당신이 실패하지 않을 수 있는 유일한 길은 당신이 아무런 시도도 하지 않는 것이다."[5]라고 이야기했다.

완벽주의로의 도피

완벽주의는 아름답다. 완벽함이 주는 아름다움은 사물이건 정신세계건 마찬가지다. 그러나 완벽주의는 위험하다. 완벽주의를 핑계 삼을 때는 더더욱 위험하다.

"당신이 완벽주의자라면, 무엇을 하더라도 실패자가 될 것이다." 심리학자 데이비드 번스의 말이다. 덧붙여 "완벽주의란 이룰 수 없는 목표와 같다."고 했다. 맞는 말이다. 완벽주의는 사실상 불가능하기 때문이다. 그것은 신의 영역이다.

완벽주의가 위험한 이유는 이렇다.

첫째, 완벽주의는 목표부터가 실패다. 완벽함이란 애당초 존재할 수가 없다. 잠정적인 근사치에 만족해야 한다.

이룰 수 없는 목표를 어떻게 성취할 수 있겠는가.

둘째, 완벽주의는 능력주의에 기초한다. 자신의 능력에 대한 과도한 신뢰가 자리 잡고 있는 것이다. 이는 성취에 대한 과도한 집착과 연결된다. 결국, 극단주의와 손을 잡게 된다. '전부'가 아니면 '전무(全無)'를 추구하게 된다. 과정과 단계를 무시한다.

셋째, 완벽주의자들은 자칫 성공 지상주의자들이다. 이들의 사전엔 실패란 없다. 절대 성공만을 추구한다. 완벽한 승리를 꿈꾼다. 차선에 대한 예비를 마련해 두지 않는다. 절대적 승리를 꿈꾸다 보니 당연히 모험을 두려워한다. 도전을 회피한다. 레오 톨스토이가 한마디 했다. "완벽을 추구한다면 절대 만족할 수 없다."

본질로 되돌아와야 한다. 인간은 불완전한 존재다. 스스로의 한계를 인정하고, 받아들여야 한다. 다만, 인간은 완전함을 향해 나아가는 과정으로서의 존재다. 그렇다고 완벽주의 자체를 부정하자는 것은 아니다. '불완전'보다는 '완전'이 낫다. 덜렁거림보다는 완벽주의가 좋은 것이다. 완벽주의를 향해 나아가야 한다. 단, 완벽주의를 핑계 삼아서 일을 미루거나 도전을 두려워해서는 안 된다.

7장

실패는 권리다

"오직 크게 실패를 할 용기가 있는 사람만이 크게 이룰
수 있다."

— 로버트 F. 케네디(정치가)

실패할 자유

놀랐다. "실패할 자유(Freedom of fail)"라니. 지난 2021년,
프로야구 한화 이글스의 첫 외국인 감독 카를로스 수베
로 감독이 스프링캠프장에 내건 구호다. 그는 취임하자
마자 원팀이나 우승 목표를 강조한 것이 아니라 '실패할
자유'를 외쳤다. 수베로 감독이 선수들에게 줄곧 강조한
'실패관'이다. "실패에 얽매이면 더 큰 스트레스를 받기 때
문에 실패를 마음에 두지 말아야 한다. 최선을 다한다면
설사 실패를 하더라도 성장의 밑거름이 된다. 신념이 있

는 선수는 실패하더라도 결코, 회피하지 않고 같은 상황에서 도전하고 성공하고자 한다. 실패를 두려워하며 우물쭈물하는 모습은 용납할 수 없다."[1]

인간은 실패할 자유를 갖는다. 실패할 수 있고, 실패해도 된다. 처음부터 내게 주어진 '대자유'다. 실패할 자유는 인간이라면 누구나 갖는 보편적인 권리다. 태어날 때부터 가지고 태어나는 천부적 권리다. 인간은 실패할 자유를 맘껏 누릴 수 있고, 누려야 한다. 실패할 자유를 통해서도 행복을 추구할 수 있다. 헌법은 행복추구권을 규정한다. 인간은 성공할 자유를 통해서만 행복을 느끼지 않는다. 인간은 성공을 통해서도 행복을 느낄 수 있겠지만, 실패할 자유를 통해서도 행복을 느낄 수 있다.

인간은 실패를 이야기할 자유가 있다. 실패를 토론할 자유도 있다. 실패를 자랑할 자유도 있다. 실패를 통해 학습할 자유도 있다. 내 양심이 실패를 원한다면 그렇게 하면 된다. 인간은 실패해도 되는 양심의 자유를 갖는다. 양심이란 '어떤 일의 옳고 그름을 판단함에 있어서 그렇게 행동하지 않고는 자신의 인격적인 존재 가치가 파멸되고 말 것이라는 절박하고 진지한 마음의 소리'다. 내가 실패를 원한다면, 내가 실패를 사랑한다면 인간은 실패해도 된다.

인간은 사생활의 자유를 갖는다. 실패도 내 사생활의 일부다. 내 사생활은 낭연히 내가 결정하고, 내가 책임진다. 내 삶은 내가 결정한다. 남 의식하거나 눈치 보지 않는다. 나의 자유이기 때문이다. 나에게 실패할 자유를 허락하라! 나에게 실패할 자유를 달라!

실패할 권리

우리 헌법의 기본 원리는 '자기의 권리를 행사하는 자는 그 누구를 해치는 것이 아닌 한 전적으로 내 의사에 맡겨져 있다.'고 한다. 일종의 황금률이자 사적 자치(私的自治) 원칙인데 인간에게 주어진 가장 기본적인 권리다. 그래서 실패도 다른 사람을 해치지 않는 한 전적으로 내 의지에 맡겨져 있고, 나의 선택일 뿐이다.

실패를 이유로 누군가가 나를 비난한다고? 그건 말도 안 되는 소리다. 인격권에 대한 명백한 침해다. 실패를 가지고 누군가를 차별한다고? 이건 평등권 위반이다. 왜? 나는 실패할 권리를 가지고 있기 때문이다. 헌법상 실패의 권리를 보장받으며 살아가고 있기 때문이다.

시민은 실패할 권리를 가지고 있기에 타인의 실패, 조직의 실패, 사회의 실패, 나라의 실패를 시민에게 전가해서는 안 된다. 실패할 권리를 제대로 보장하는 절차 중 하나가 실패의 책임 소재를 정확히 가려내는 일이다. 예를 들어 현재의 실패라는 결과가 개인의 책임인지, 사회의 책임인지, 나라의 책임인지를 냉정하게 분석해 보자는 것이다.

그래서 나라와 책임 있는 정치인들은 나라 자체가 실패하지 않도록 잘 꾸려 나가야 한다. 정치의 실패, 안보의 실패, 정책의 실패, 사회 구조적 적폐들이 만들어 내는 실패가 온전히 시민에게 전가된다. 고용 정책의 실패가 실업자를 양산한다. 청년 실업의 책임이 그저 청년 탓일 순 없다. 저출산이 젊은이들의 탓이라고? 하나씩 따져 보면 나라와 사회와 환경의 탓이 크다. 실상 개인 책임은 크지 않다. 나라의 실패를 제발 시민에게 전가하지 말라. 책임 져야 할 사람은 시민이 아니라 나라요, 그 권력을 위임받은 정치다.

나라는 자신들의 실패에 대해 책임을 져야 함은 물론, 개인적 원인에 따른 실패한 시민의 인간다운 삶에 대해서도 책임져야 한다. 인간의 존엄에 상응하는 건강하고 문화적인 삶을 보장해야 한다. 이것이 시민들이 권력을 위임하고, 의무를 부담하는 이유다.

실패할 의무

권리 없이 의무 없고, 의무 없이 권리 없다. 권리를 주장하기 위해서는 당연히 의무가 뒤따라야 한다. 온 세상 사람들이 권리만을 주장하고 나선다면 의무는 누가 부담할 것인가. 고대 노예제가 아닌 이상 권리와 의무는 서로 순환하는 것이고, 함께 가야 하는 것이다.

유치한 표현이지만 '수업료 부담한 셈 쳐라.' 이런 식으로 위로할 때가 있다. 어떤 일을 하던 최소한의 수업료, 최소한의 노력이 수반되어야 한다는 의미다. 실패할 권리를 행사할 때도, 실패할 자유를 행사할 때도 마찬가지다. 그 누구도 실패를 강요할 순 없다. 실패가 의무라며, 실패를 시민으로서 기꺼이 감내해야 할 의무라며, 실패를 폭력적으로 강요한다면 이는 나라가 아니다. 시민에 대한 보호 의무를 부담하고, 시민의 권리를 보장해야 할 나라로서의 책임을 저버리는 일이다. 이런 나라라면 존재할 가치가 없다. 전체주의 국가일 뿐이다.

실패는 권리이기도 하지만, 다른 한편 의무이기도 하다. 실패를 성공으로 나아가기 위한 과정으로 생각했을 때 '실패의 의무성'은 쉽게 이해될 것이다. '실패의 권리성'은 실패에 당당하게 맞설 수 있는 힘을 부여한다. '실패의 의무성'은 실패를 자연스럽게 받아들이고, 실패에 대해 겸허할 수 있는 토대를 마련한다. 그래서 실패는 때로는 권리이기도 하고, 때로는 의무라는 성격도 갖는 것이다.

한 가지 또 있다. 실패의 권리와 실패의 의무가 한 개인에게만 전속적으로 귀속되는 것은 아니다. 나의 실패가 누군가에게는 성공이 된다. 누군가의 실패가 나의 성공이 될 때도 있다. 올림픽 금메달 뒤에는 은메달이 있고, 동메달이 있다. 예선 탈락도 있다. 하지만, 승자는 왜 패자를 따뜻하게 껴안아 주는가. 동정심일까. 아니다. '당신 때문에 내가 존재한다.'는 감사의 표현이다. 당신의 노력 또한 아름다웠다는 존경의 표현이다. 최선을 다했기에 묵묵히 실패할 의무를 받아들였다. 실패할 위험성이 높은데도 기꺼이 그 의무를 감내했다. 실패라는 관점에서 승자가 패자에게 내미는 손길은 그런 의무를 받아들이는 데에 대한 감사의 표현이다. 실패할 의무를 이렇게도 해석할 수 있다.

성공 강박증

우리는 애써 외면한다. 사실 전 세계에서 한국처럼 경쟁을 강요하는 사회는 없다. 명백히 '강요'다. 이때의 경쟁은 공정 경쟁일까? 아니다. 그저 원시 정글의 법칙이다. 약육강식의 논리만이 세상을 지배하는, 사람 사는 동네가 아닌 원시 정글이다. 최소한 기득권과 독점, 그리고 세습과 상속이 지배하는 중세 봉건 사회다.

'자유가 아니면 죽음을'이라고 했다. 우리 사회는 그렇지 않다. '경쟁이 아니면 죽음을' 수준이다. 시장경제 차원에서만 경쟁을 찬양했으면 좋았다. 그런데 우리 사회는 경쟁을 사회 전반 구석구석으로 밀어 넣었다. 대표적인 예가 줄곧 강조해 온 교육이다. 교육은 사라지고, 입시만 남았다. 입시의 핵심은 경쟁이다. 줄 세우기다.

인간의 삶은 수단도 아니고 목적도 아니다. 삶을 성공과 실패의 이분법으로 재단해서는 안 된다. 경쟁이라는 이름으로 인간다운 삶을 포기해서도 안 된다. 특히, 성공 지상주의, 오로지 경쟁을 통한 성공, 권력과 물신에 대한 절대적 숭배가 우리들의 삶을 지배하도록 내버려 둬서는 '절대' 안 된다.

우리 사회는, 우리 사회만의 전염병이 있다. '성공 강박 증'이다. 어떻게든 성공해야 한다. 1등만이 살아남는다. 그리고 이 1등이 유지될 수 있도록 어떻게든 세습시켜야 한다. 언제라도 허물어질 수 있는 허약한 제2의 본성(아비 투스)이기 때문이다.

쇼펜하우어가 마치 한국 사람들을 위해서 남겨 놓은 것 같은 말이 있다. "삶이 불행해지지 않을 수 있는 가장 확실한 방법은 너무 행복해지기 위해 애쓰지 않는 것이 다." 이 말을 편안하게 번안하자면, 우리 사회의 성공 강 박증에 대한 지적이다. 성공 강박, 성공 집착, 경쟁에 대한 과도한 찬양이 우리 모두를 전염병으로 몰아넣고 있다.

인생은 수많은 시행착오의 축적이다. 마치 모자이크처 럼 실패와 성공이 교차해 가며 나의 본 모습을 그려 나간 다. 그런데도 우리는 시도 때도 없이 하나하나의 행위와 그 결과에 집착하고, 조급증에 빠진다. 실패는 의무이자, 권리이자, 자유임에도 누군가는 실패라는 족쇄, 성공이

라는 강박에서 살아간다. 그렇다면 그는 또 다른 의미의
노예다.

실패의 재발견,
실패의 역설

성공에 대한 과도한 집착은 우리 시대 인간의 본성일 것
이다. 그래서 성공에 대한 집착으로부터 자유롭기란 대
단히 어렵다. 하지만, 성공을 꿈꾸거든 실패를 준비해야
한다. 실패에 관심을 기울여야 한다. 실패에 말을 건네야
한다. 실패에 대한 배척의 눈길을 멈추고 실패와 정면으
로 눈을 맞춰야 한다. 그래야 실패를 객관화할 수 있다.
여러 실패를 비교할 수 있다. 실패를 분석할 수 있다.

　나 또한 반성한다. 맹목적으로 성공만을 추구해 왔기
에. 실패는 권리이자 의무라는 것을 애써 무시했다. 성공
할 권리만을 좇았다. 그래서 실패를 받아들이기도, 이해
하기도 쉽지 않았다. 실패는 권리이자 의무였음에도 오
로지 성공할 권리와 의무만을 좇고 살았다. 실패를 결코
범해서는 안 될 패덕으로 몰아붙였다. 실패는 선택이고,

자기 결정이고, 보장받아야 할 권리였음에도 실패는 도덕적 범죄였다. 이런 논법으로 우리 사회에서 실패할 권리는 결코 보장받지 못했던 것 같다.

실패는 자유였다. 아니다. 실패는 부자유였다. 실패할 자유를 주장하는 것은 일종의 반역이었다. 사기였다. 이런 사회에서는 실패를 분석할 필요도, 예습할 필요도, 예비할 필요도 없다. 실패는 그저 쓰레기통에 처넣어야 할 냄새 나는 쓰레기에 불과했다.

이 책은 내내 실패를 재정립하고, 실패의 가치를 재평가할 것이다. 실패를 제자리에 되돌려 놓을 것이다. 그것이 늘 실패와 함께 사는 인간에 대한 존중이요, 찬양이기 때문이다. 실패에 대한 소박한 복원을 시도한다.

'사막의 여우'라고 불리었던 독일의 롬멜 장군에게 영국의 어느 전쟁사학자가 경의를 표했다. "'성공만큼 성공적인 것이 없다.'는 속담이 있다. 그러나 가끔은 '실패만큼 성공적인 것이 없다.' 말이 좀 더 깊은 울림으로 다가온다. … 승리를 거둔 장군이 오히려 패장보다 뒷전으로 밀리는 경우도 허다했다. 한니발과 나폴레옹, 로버트 리, 그리고 에르빈 롬멜이 바로 그러한 패자들이다."(볼프 슈나이더, 『위대한 패배자』)[2]

실패는 그 자체만으로도 아름다울 때가 있다. 실패가 성공보다도 더 아름다울 때도 있다. 실패에 대한 가치 평가는 당대에만 끝나는 것이 아니다. 인간이 문자를 만들고 역사를 기록한 이후 명예에 대한 평판은 결코 당대의 몫이 아니다. 이렇듯 실패는 천의 얼굴, 만의 가치를 가지고 있다. 세상은 흑백영화가 아니다.

2부

실패 문화를
분석하다

8장

실패에서 무엇을 배우자는 것인가

"행복의 문 하나가 닫히면 다른 문들이 열린다. 우리는 닫
힌 문들을 멍하니 바라보다가 열린 문을 보지 못한다."
— 헬렌 켈러(사회사업가)

실패에서 배우기가
어려운 이유

실패에 대해서는 늘 두 가지 평가가 교차한다. '실패는 좋
은 것이다.' '아니다. 실패는 나쁜 것이다.' 실패가 좋을 리
있겠는가. 하지만 실패에서 제대로 배우고, 실패를 딛고
일어섰다면 그때의 실패는 좋은 것일 수도 있다.

　"실패로부터 성공을 발전시켜라. 좌절과 실패는 성공으
로 가는 두 가지의 가장 확실한 디딤돌이다." 역시나 성
공학의 구루 데일 카네기의 말이다. 하지만, 실패가 성공

을 보장하는 것은 아니다. 디딤돌이 아니라 걸림돌인 경우도 많다. 실패를 디딤돌로 삼지 못하고 영영 실패 속으로 사라져 간 이들은 얼마나 많을까. 그런 이들에게 실패는 그냥 '나쁜 것'이다. 실패가 그저 실패에 그치는 게 아니라 자칫 인간의 존엄에 대해 근본적 침해가 되고 만다.

실패에서 배우는 길은 두 가지가 있다. 하나는 실패를 극복하고 성공한 사례에서 배우는 것이다. 둘은 실패에서 시작해 끝내 실패로 끝나고 만 사례에서도 배워야 한다. 전자의 사례는 세상에 넘쳐 난다. '내가 이런 실패를 딛고 끝내 이렇게 성공했어!' 얼마나 자랑스러운가. 그래서 그들의 실패담은 성공 스토리로 미화되고, 성공주의 신화로 포장된다. '나는 이렇게 했는데, 당신들은 왜 못해?' 사회구조의 탓이 아니라 사람 탓이라는 논리가 되어 때로는 억압의 기제로 작동한다. 사회적 변화를 가로막기도 한다. 따지고 보면 이들의 스토리는 '실패 스토리'가 아니다. 실상은 성공 스토리일 뿐.

문제는 또 있다. 이런 사례들에서 우리는 실패를 직시하지 않는다. 성공이라는 프리즘을 통해 실패를 바라보고, 해석할 뿐이다. 독립된 실체로서의 실패를 냉정하고 객관적으로 해부하는 것이 아니라, '과거의 실패가 현재의 성공에 어떻게 기여했는가.'라는 관점에서 실패를 바라본다. 진정으로 실패에서 배우기 위해서는 '진짜' 실패를 찾아 나서야 한다. 그런데 이는 거의 불가능에 가깝다. 앞서 본 후자의 사례처럼 끝내 실패로 끝나고 만 이들의 사례를 제대로 이해하고 분석할 수가 없다. 영원히 실패 속으로 사라져 간 사람들의 이야기를 우리는 찾을 수도, 들을 수도, 이해할 수도 없다. 우리는 지금 '반쪽짜리 학습'을 하고 있는 셈이다. 실패에 대한 학습에서 반은 실패하고 들어가는 꼴이다. 이것이 '실패에서 배우자'는 강좌의 한계다.

실패를 인정하라

지그문트 프로이트가 말한 '방어기제'는 때론 부정적으로 작동하기도 한다. 자아가 상처받지 않도록 자신을 속이거나 책임을 전가한다. 실패에서도 그렇다. 인간이기 때문이다. 하지만, 실패를 반복하지 않기 위해서는, 실패에서 진실로 배우기 위해서는 실패를 인정할 줄 알아야한다. 이것이 실패에서 배우기 위한 첫걸음이다.

2024학년도 대학입시부터 자기소개서가 전면 폐지된 다고 한다. 반대로 미국은 한국의 수능 격에 해당하는 SAT가 축소되거나 아예 요구하지 않는 대학들이 늘어나고 있다. 우리의 자기소개서 격인 에세이는 더 중요시된다. 사실 따지고 보면 고등학교 때까지 얼마나 중요하고 특별한 경험치가 있겠는가. 그런데도 미 대학들이 공통적으로 요구하는 에세이 질문 중 하나가 '당신은 어떤 어려움에 직면했고(what challenge did you face), 어떻게 극복했나요?'다. '어떤 어려움을 만났고, 어떻게 장애물을 극복할 수 있었나요?' 한마디로 도전과 극복의 과정을 묻는 것이다. 하버드대학이나 MIT 등 유명 비즈니스 스쿨에 들어가려면 에세이에서 요구되는 질문이 더욱 구체화된다. 필수질문 중 하나가 '실패 경험'이다. 영어로는 "Failure Essay Question(실패 설문)"이라고 하는데, 구체적인 실패의 경험과 교훈을 요청한다. 왜 성공 경험이 아니라 하필 실패 경험일까.

사람은 어디에서 더 많이 배울까. 어떤 때 더 사람의 성품이나 본질이 드러나 보일까. 그리고 인생의 앞길에는 성공과 실패 중 어느 길을 마주하기가 더 쉬울까. 입학해서도 마찬가지다. 비즈니스 스쿨은 철저히 사례 중심으

로 진행되는데 성공 사례 이상으로 실패 사례가 연구의
주제다.

실패에서 배워야 할
모든 것

그렇다면, 실패에서 무엇을 배울 것인가. 통속적인 대답
이 있다. '실패는 성공의 어머니다.' 또 있다. '실패는 성공
으로 가는 과정이다.' 그렇다면, 그냥 실패를 인정하고,
받아들이고, 묵묵히 참고, 견디면 된다. 그런데도 사람들
은 '실패에서 배우자.'고 한다. 무엇을 배울 것인가? 어떻
게 배울 것인가? 세상일이 그러하듯 정답이란 없다. 사람
마다 다르기에, 추구하는 바도 다르고, 찾는 바도 다를
수밖에 없다. 내가 필요한 만큼, 내가 원하는 만큼 배우
면 된다. 그럼에도 실패에서 배워야 할 기본이 있다. 어쩌
면 처음이자 끝이다. 한마디로 전부다.

　로맨틱 코미디 영화의 고전 「해리가 샐리를 만났을 때」
의 시나리오 작가이자 「시애틀의 잠 못 이루는 밤」을 연
출한, 그 당시로서는 흔치 않았던 여성 감독인 노라 에프

런이 말했다. "내가 보기에 실패로부터 배울 수 있는 가장 큰 교훈은 앞으로도 언제든 또 다른 실패를 겪을 수 있다는 것을 알게 된다는 사실이다."[1] 그렇다. 실패에서 배워야 할 모든 것이자 가장 근본적인 것은 바로 '실패는 다시 찾아올 수도 있다.'는 것이다. 실패는 한 번으로 끝나지 않는다. 실패는 반복될 수 있고, 영원히 계속될 수도 있다.

쉽게 이해시키기 위해 대표작만을 나열했기에 에프런 감독이 성공 스토리만을 써 왔다고 착각하지 말아야 한다. 그의 고백이다. "내게는 수많은 실패작이 있다. 나는 완벽하게 실패한 영화들을 만들었다. 완벽하게 실패했다는 건, 혹평을 받았고 흥행에서도 망했다는 뜻이다. 부분적인 실패작들도 있다. 평은 좋았지만, 돈은 못 번 영화들이다. … 실패작을 만들었다는 건 끔찍한 일이다. 고통스럽고 굴욕적이다. 고독하고 슬프다."[2]

나는 동시대 사람들의 이야기를 가장 좋아한다. 위인전의 가치를 부정하는 것은 아니지만, 가능하면 우리 시대 사람들의 이야기를 읽으려 노력한다. 비교를 통해 나의 한계와 결핍, 열정을 시험하는 것이다. 나의 실패에 대한 학습은 그런 방식으로 이뤄지는 편이다.

실패가 주는 교훈

뉴스 통신사 《뉴시스》가 지난 2020년 1월부터 6월까지 '실패를 듣다'라는 시리즈를 연재했다. 기획 의도를 들어보자. "우리가 듣고 싶은 것은 따로 있다. 왜 그동안 실패를 반복했느냐다. … 그냥 실패가 아니라 값진 실패, 유의미한 실패의 이야기를 듣는다."[3]

두 가지다. 첫째는 왜 똑같은 실패가 우리 사회에서 반복되느냐. 둘째는 실패에서 가치를 찾고 의미를 찾아보자는 것이다. 실패를 학습하자는 것이다. 최근 들어 우리 사회에서 실패의 가치를 재발견하고 실패에서 배우자는 논의로 이어지는 것은 정말 다행스러운 일이다. 단순한 논의를 넘어 실패를 장려하며, 위험을 감수하는 벤처 정신이 활성화되어야 한다. 실패에 대해 과도하게 책임을 물어서는 안 된다. 패자부활의 문화를 만들어야 한다. 마침내는 성공과 실패라는 이분법에서 자유로운 사회가 되어야 한다. 그것이 인간의 존엄이 보장되는 행복한 사회이기 때문이다. 이를 실현하기 위해서는 실패에 대한 학습이 첫걸음이다. 실패를 감추지 말고, 과감하게 햇살 아래에 드러내 보여야 한다.

실패를 만나야 한다. 경험을 요구하는 일이다. 물론 온몸으로 느끼고 깨닫기에 가장 좋은 학습 방편이다. 하지만 시간과 노력이 많이 든다. 다른 사람들의 실패를 보고, 듣고, 느끼는 것 또한 또 다른 학습이다. 나의 경우와 비교해 가며 깨닫고, 예비하는 것이다. 학습은 개인의 차원만으로는 부족하다. 실패의 책임이 개인에게만 있는 것은 아니기 때문이다. 사회의 실패가 있고, 나라의 실패가 있고, 집단의 실패가 있다. 혼자 학습하고, 혼자 깨달아 봐야 아무런 의미가 없다. 구조적 실패에 대해서는 구조적 대책이 있어야 하는데, 개인이 혼자서 그 구조를 바꿀 수는 없다. 학습은 집단적으로 이뤄져야 할 때가 있다. 원인이 그러하기에 해법 또한 그러해야 하고, 학습 또한 그래야만 하는 것이다.

"일어나"

어린 시절 조 바이든 미국 대통령에게는 약점이 하나 있었다. 어린 시절 말더듬으로 위축되어 가던 그에게 아버지가 강조했던 가르침이 있다. "일어나"였다. 아버지는 바이든에게 "몇 번 쓰러졌는지가 중요한 게 아니라 얼마나 빨리 일어나는지가 중요하다."고 가르쳤다. 바이든은 지금도 아버지의 가르침이 오늘의 자신을 만들었다고 강조하곤 한다.[4]

미국 대통령이어서가 아니다. 비록 사소한 가르침이지만, 이는 실패에 대한 정의와 직결된다. 넘어지는 것은 실패가 아니다. 걷기 위해서는 넘어져야 하고, 달리기 위해서는 때론 무릎이 깨지는 법이다. 이를 두고 누구도 실패라고 말하지 않는다. 당연한 과정일 뿐이다. 하지만 넘어졌을 때 아직 가야 할 길이 남아 있다면, 심한 부상이 아니라면 일어나야 한다. 내 말보다 이런 표현이 더 적절할 것 같다. "넘어지거나 의기소침해졌다고 해서 실패한 것이 아니다. 넘어진 상태로 그냥 가만 누워 있거나 계속 부정적으로 생각할 때에만 실패한 것이다."(케벳 로버트, 세일즈맨 컨설턴트)

넘어져서 일어나지 않을 때, 실패에 지나치게 좌절할 때, 실패를 핑계로 자신을 구렁텅이에 처박아 두고 자포자기할 때, 실패의 늪에 빠져 허우적대며 새롭게 출발할 의지나 열정조차 내버렸을 때… 이를 두고 비로소 우리는 실패라고 선언할 수 있다.

인생은 단판 승부가 아닌 것 같다. 수많은 전투가 모여 전쟁이 되듯 하루하루의 수많은 게임들이 모여 청년 시대를 구성하고, 장년 시대를 만들어 간다. 인생이라는 경주는 마치 모자이크처럼 수많은 장면으로 이뤄진다. 쉽게 실망하거나, 지레 포기할 경기가 아니다.

넘어질 수 있다. 그렇다면, 일어날 수도 있다. 넘어지는 것과 마찬가지로 일어서는 것은 본능이자 인간의 본질이다. 때로는 조건반사적으로 일어나자. 얼마간의 숙려를 거쳐 일어나도 충분하다. 결코, 늦지 않다. 인류의 DNA는 생물학적으로는 넘어지면 일어서도록 설계되어 있다. 인간은 넘어졌을 때 일어나는 유전자를 가지고 있고 그렇게 진화되어 왔다고 믿고 싶다.

9장

실패 이력서를 써 보자

"전문가란 아주 좁은 분야에서 가능한(저지를 수 있는) 모든
실수를 저질러 본 사람이다."

— 닐스 보어(물리학자)

성공 이력서,
실패 이력서

보통 이력서에는 과정이나 성공한 이력만을 나열한다.
'실패 이력서'가 있을 수 있을까. 있다. "내가 시도한 대부
분의 것들은 실패했다." 이력서의 첫 문장은 이렇게 시작
한다.

　　미국 프린스턴대학 심리학과 교수인 요하네스 하우쇼
퍼는 보통 이력서와 실패 이력서를 동시에 올려놓았다.
먼저, 일반 이력서. 옥스퍼드대학에서 심리학을 전공했

다. 하버드대학에서 신경생물학 박사 학위를 취득했다. 곧바로 스위스 취리히대학에서 경제학 박사 학위를 취득했다. MIT 박사 후 과정을 거쳤다. 프린스턴대학 교수가 됐다. 그동안 아홉 개의 상을 받았으며, 일곱 곳에서 연구비를 지원받았다. 수십 편의 논문이 저널에 게재됐다.

다음, 실패 이력서. 런던정경대학 입시에 실패했다. 2003년에는 4개의 대학원 입시에 실패했다. 2008년에는 스웨덴 스톡홀름대학 경제학 박사 과정에 실패했다. 2014년에는 여러 대학의 교수 임용에 지원했지만 모두 실패했다. 장학금이나 연구비 신청에 실패한 경우도 모두 열일곱 차례, 투고 논문이 학술지에 게재 불가 통보를 받은 경우만도 열네 차례였다.[1]

어떠한가. 심리학자라서 가능한 발상이었을 것이다. 실패한 사람들에 대한 치유를 고민했을 것이다. 하지만 잊고 살았던 우리들의 편견을 다시 일깨워 준다. 누구나 그러하듯 성공만을 이야기한다. 성공만을 쳐다보고 성공만을 기억한다. 하지만 그림자 없는 인생이란 없다. 이력서가 성공만으로 채워지는 경우는 없다. 우리가 성공의 이력만 바라보듯 그림자는 애써 외면해 온 것이다.

성공과 실패의, 형식적인 이력서를 넘어서 자신의 '성공

시나리오(성공 스토리)'와 '실패 시나리오(실패 스토리)'를 기록해 보자는 제안도 있다. 로버트 캐플런 하버드 경영대학원 교수의 저서『나와 마주서는 용기』다. 캐플런은 성공과 실패라는 서로 대립하는 두 개의 시나리오를 잘 이해하고 그 둘이 나의 행동에 어떤 영향을 미치는지를 탐구할 필요성을 이야기한다. 그래야만이 나 자신을 잘 이해할 수 있다는 것. 형식적인 이력서든 스토리 형식을 띤 시나리오든 한번 써 보는 건 어떨까.

나의 실패
이력서

나 어릴 적엔 '수포자'라는 단어조차 없었다. 나중에야 내가 수포자였음을 알게 됐다. 초등학교 5학년 때 수학에 대한 흥미를 잃기 시작했다. 고등학교 1학년 때쯤 완전히 포기했던 것 같다. 국회의원 선거 운동을 하러 지역 서점에 들렀는데 주황색 표지의 유명한 수학 참고서가 여전히 꽂혀 있었다. 그 색깔을 보는 것만으로도 불편해서 서점 주인과 한참 농담을 나눈 적도 있다. 간신히 버텼지만, 고등학교 때는 수학 성적이 수·우·미·양·가 중에서 양까지 내려갔다. 이과 영역을 싫어했는데, 내가 다니던 고등학교는 그 당시 다른 고등학교와는 달리 물리, 화학, 생물, 지구과학을 필수로 가르쳤다. 아마 시범학교여서 그랬을 것이다. 그래서 결국 물리는 '가'를 맞았고, 화학도 대충 그랬던 것 같다.

대학입시는 명백한 실패였다. 땅끝에서 태어나 간신히 광주로 유학을 왔기에 이번에는 서울에 있는 대학으로 진학하고 싶었지만 이른바 지방대라는 전남대에 진학했다. 사법시험 1차는 세 번이나 떨어졌다. 2차도 한 번 떨어졌다. 다들 판검사를 꿈꾸던 시절 그나마 가장 자유로운 직업이라 생각해 변호사를 선택했기에 한 번의 실패는 면할 수 있었다. 자칫 했으면 판사 임용에서 탈락할 뻔했다. 정치가 꿈이었기에 바둥거리며 네트워크를 형성하려 노력했고, 정치권 주변을 기웃거렸다.

국회의원 선거는 2000년에는 중도에 포기했고, 2004년에 당선됐지만, 그때 함께 당선된 동기들의 별명이 '탄돌이(노무현 대통령 탄핵으로 인해 당선된 의원들)'였다. 2008년에는 낙선했다. 기성정치에 대한 불만이 많았다. 이런 정치로는 안 된다며, 새 정치를 직접 실천하겠다며, 새로운 정당을 만들겠다고 건방 떨어 가며 국회의원 두 번 하는 동안, 두 번 모두 탈당했다. 당선될 때 정당과 그만둘 때 정당이 매번 달랐다. 두 번 다 시도했지만 새로운 정당을 만드는 데는 모두 실패했다. 정치적 입장은 지나치게 개혁적이라서 당내 주류 세력과 갈등만 빚었다. 주류에 들어가지 못하니 목소리만 컸을 뿐 실현하는 정책은 부족했다. 정치력의 분명한 실패였다. 내각제 개헌이 필생의 정치적 목표였지만, 스스로 그만두고 나와 버렸고(사실은 실패해서 떠나온 거겠지만) 정치판에 어떠한 영향력도 미치지 못했다. 잠시 공부에 뜻을 두고 독일 유학을 꿈꿨었지만, 끝내 가보지도 못하고 오늘에 이르렀다. 산골에 틀어박혀 철학 고전을 완독하겠다는 목표도 세웠지만 다 틀렸다. 잡서는 여럿 썼다. 좋은 책 하나 써내는 게 목표인데, 그것도 자신이 없다.

비정규직 학자의
노벨상 이야기

위로가 될 만한 실패 이력서가 많다. 용기가 될 만한 실패 이력서 또한 넘쳐난다.

2020년 노벨 화학상을 공동 수상한 에마뉘엘 샤르팡티에 독일 막스플랑크연구소 교수가 있다. 성실하게 학자의 길을 걸었다. 하지만, 교수가 되지 못했다. 노마드 기질도 있었지만, 프랑스에서의 대학원 시절을 포함해 무려 25년간 5개국 10개의 기관에서 '비정규직' 연구원으로 일해야만 했다. DNA 교정 기술인 '크리스퍼 유전자 가위'를 발견하기 2년 전에는 더 이상 연구를 포기하고 레스토랑을 차리기로 마음먹었다. 연구비가 다 떨어졌다. 마지막으로 학회에 참석하게 됐다. 우연히 만난 노벨상 공동 수상자 제니퍼 다우드나 교수에게 '밑져야 본전'이라는 생각으로 이메일을 보냈다. 공동 연구가 시작됐다. 도대체 무슨 용기로 이렇게 포기하지 않고 버틸 수 있었을까. 세속적인 기준으로는 실패의 연속이었는데도 말이다. 이걸 운이라고 해야 할까, 아니면 노력이라고 해야 할까. 동양식 사고로 정성을 다하다 보니 하늘이 감동했던 것일까. 그렇다면, 누구든지 정성을 다하면, 누구에게나 이런 행운은 공평하게 주어지는 걸까. 다들 '아니요' 할 것이다. 내 대답 또한 그렇다. 행운도 공평하지 않다. 하물며 성공이야 어찌 공정할 수 있겠는가. 어디까지 노력하고, 어떻게 노력해야만 성공의 끝자락이라도 잡아챌 수 있을까.

우리는 그저 노벨상 수상자이니 당연히 성공한 이력을 살아왔을 거라고 생각할 것이다. 하지만 모든 사람들의 삶이 그러하듯 성공만으로 이력서를 써 온 사람은 없다고 단언할 수 있다. 당사자가 말을 하지 않아서, 실패의 이력서를 쓰지 않아서, 제출하지 않아서 모를 뿐이다. 단언컨대 실패의 이력이 없는 사람은 지구상에 단 한 명도 없을 것이다. 이 책의 입장에서 새롭게 정의하자면 노벨상이야말로 실패에 대한 상이다. 노벨상 수상자는 물론이거니와 그 분야의 과학자나 과학계 차원에서 노벨상 수상을 가능하게 한 성과에 이르기까지 얼마나 많은 실패의 축적이 있었겠는가. 노벨상의 앞면 말고 뒷면을 응시하자. 그 뒷면이야말로 실패의 역사다.

한국 벤처들의
실패 이력서

2022년 2월, 고려대 학위수여식에 정의선 현대자동차그룹 회장이 축사를 하게 됐다. 사업 초기 불의의 화재로

전 재산을 잃고, 전쟁까지 겪으면서도 기업을 일으킨, 자신의 할아버지인 정주영 선대 회장이 말한 "어떤 실수보다도 치명적인 실수는 도전을 포기하는 것"을 언급했다. 여기에서 강원도 산골에서 가출로 시작됐던 창업주 정 선대 회장의 기업 경영사를, 실패했던 수많은 사례를 되풀이할 필요는 없을 것이다. 이미 과거의 역사가 되고 말았지만, 정 선대 회장은 정당을 창당했고, 대통령 선거에 출마해 실패한 적까지 있다. 하지만 창업주의 시작은 쌀가게였다. 다음이 자동차 정비 공장이었다. 수많은 실패를 딛고 일어서 세계 굴지의 대기업을 만들었지만, 시작은 엄연한 '벤처' 기업일 뿐이었다.

미국의 대표 IT 기업을 표현하는 용어로 'FAANG(페이스북, 애플, 아마존, 넷플릭스, 구글)'이라는 단어가 있다. 한국 벤처 1세대를 대표하는 회사로 '네이버(이해진)-카카오(김범수)-넥슨(고 김정주)-엔씨소프트(김택진)-다음(이재웅)' 등이 있다. 이중 카카오 김범수 의장을 사례로 들어 보자.

김 의장은 대기업에서 나와 독립했던 초창기부터 성공의 이력만을 썼던 것은 아니다. 위지아닷컴이라는 서비스에 실패한 이력도 있다. 하지만 그는 일어섰다. 사회적 책임이란 측면에서도 특별한 성공을 만들었다. 2021년 2월,

그는 10조 원이 넘는 재산 중 절반 이상을 기부하겠다고 선언했다. 이는 앞으로 우리 사회의 독점적인 소유 문화, 상속 문화를 바꿔 놓을 훌륭한 선례가 될 것이다.

최근 카카오는 사업 확장 과정에서 강한 사회적 저항에 부딪히며 또 다른 실패를 맛보고 있다. 이해진 네이버 창업자 등도 세상과의 소통 측면에서 파열음을 드러내기도 한다. 이들 회사의 플랫폼이 독점적이라는 비난도 있다. 그럼에도 나는 이들이 벤처 생태계를 통해 재벌 생태계를 대체시켰다는 점만으로도 영웅이라고 생각한다. 상속이 아닌 창업으로 자신들만의 생태계를 구축했다는 점 또한 박수받아 마땅하다.

실패 이력서를 쓰는 이유, 콜린 파월

미국 합참의장과 국무장관을 지낸 콜린 파월이 일본 어느 사립학교에서 강연할 때 있었던 일이다. 강연이 끝나자 학생들은 미리 준비한 카드를 들고 질문에 나섰다. 몇 개의 질문이 오고 갔다. 파월은 적극적으로 손을 들어 질문하는 학생들을 애써 외면한 채, 맨 뒷줄에 부끄럽게 앉아 있던 몇몇 학생들에게 질문을 요청했다.

열세 살쯤 되어 보이는 한 여학생이 손을 들었다. "두려워하신 적 있나요?" "저는 매일 두렵습니다." "저는 실패할까 봐 두려워요." 다시 파월이 답했다. "나는 매일 뭔가를 두려워합니다. 그리고 매일 뭔가에 실패하죠. 두려움과 실패는 늘 존재합니다. 그런 것들을 인생의 일부로 받아들이고 그런 현실에 어떻게 대응할지 배워야 합니다. 겁이 나겠지만 계속해 나가야 합니다. 겁을 먹는 건 대개 순간적입니다. 지나갈 겁니다. 실패한다면 이유를 고치고 계속 나아가세요."[2]

파월은 유색인종 출신 첫 합참의장이었고, 정규 육사 출신이 아닌 ROTC 출신 첫 합참의장이었다. 군인으로서 최고의 자리에 올랐으니 용감했으리라 생각하겠지만, 아니었다. 지극히 내성적이었다. 질문이 있으면서도 결코 손들지 못했던 그런 학생이었다.

나도 그런 적이 있다. 초등학교 1학년 때였을 것이다. 소풍날이었다. 다들 부끄러워 남들 앞에 나서지 못하던 시절이었다. 반장이라고 선생님이 노래를 시켰다. 못 하고 말았다. 다음 날, 학교가 끝나면 마을 뒷산에 골짜기

깊숙한 곳에 들어가 동요를 연습했다. 나중에 회식 자리에 가면 짓궂게 어린 사람들 먼저 노래를 시키는 사람들을 보게 된다. 그때면 용감하게 내가 대신 부르겠다고 나서곤 한다. 자신의 실패 경험을 공유하라는 것은 꼭 오픈하라는 뜻이 아니다. 공감하자는 것이다. 그리고 조용히 손을 내밀자는 것이다.

10장

실패를 예배하라, 실패를 장례하라

"인생의 90%는 실패의 연속이며, 실패를 묻어 두면 계속 실패하고, 실패에서 배우면 성공한다."

— 하타무라 요타로(도쿄대 명예교수, 실패학 창시자)

세계 실패의 날

10월 13일은 세계 '실패의 날(Day of Failure)'이다. 우리도 이 날을 기념하는 이들이 있다. 유래가 있다. 2010년 10월 13일, 핀란드에서다. 핀란드 알토대학의 창업동아리인 '알토이에스(AaltoES)'는 실패의 날 행사를 열었다. 벤처 성공의 경험이 아닌, 실패의 경험을 나누고 소개하고 무엇을 배웠는지를 털어놓는 행사를 개최했던 것이다. 그 자리에서는 핀란드의 로비오 엔터테인먼트가 '앵그리버드'라는 게임으로 성공하기까지 52개의 게임을 출시했다가 쫄

딱 망해 파산 직전까지 갔던 이야기가 공유되기도 했다. 처음에는 창업동아리의 행사였지만 기업들이 참여했다. 다음 해에는 핀란드를 대표했던 요르마 올릴라 노키아 명예회장이 자신의 실패 경험을 공개하기도 했다. 더불어 핀란드 정부가 후원에 나서면서 실패의 날은 세계적인 운동이 됐다.

이미 적었듯 실리콘밸리의 표어는 '일찍 실패하고, 자주 실패하고, 진취적으로 실패하라.'다. 실리콘밸리에서는 실패의 경험을 공유하는 것이 결코 부끄러움일 수 없다. 당연하게도 실패의 날과 비슷한 행사가 실리콘밸리에서도 열리고 있다. 실패를 공유하는 콘퍼런스 형식인데, '페일콘(FailCon)'이라 부른다. 2009년 시작됐다. 역설적으로 '실리콘밸리의 정상회담'이라 부르기도 한다. 실리콘밸리를 대표하는 창업자들이 참여해 실패의 경험을 공유하기 때문이다.

단순한 희극성 무대일까. 강조하지만, 우리 사회는 실패에 대한 생각을 바꿔야 한다. 실패는 결코 부끄러운 것이 아니다. 부정적인 것만도 아니다. 숨겨야 할 그 무엇도 아니다. 정직한 패배가 부끄러움이 아니듯, 성실한 실패는 결코 음습한 절망일 수 없다. 실패를 직시할 수 있어야 한다. 실패를 객관화할 수 있어야 한다. 냉정하게 실패를 드러내 보이고, 그 실패의 원인과 과정을 토론하고 그 경험을 나만의 것이 아닌 우리와 세상과 공유할 때 실패의 가능성은 축소되고, 성공의 가능성은 확장된다. 모두가 나서서 실패의 날을 기념해야 한다.

실패 장례식

이번엔 장례식이다. 실패와 이별을 고하는 장례식. 2014년 멕시코에서 시작된 실패 공유 네트워킹 운동 '퍽업 나이츠(FuckUp Night)'의 일부다. '퍽업'은 '개판'이라는 의미다. 재밌게 표현하자면 '개판 쳐 본 사람들'끼리 모여 경험을 공유하자는 행사다. 우리나라에서도 열리고 있다. 이 중 하나로 실패한 벤처기업의 장례식을 진행하는 퍼포먼스를 열기도 한다. 재미있는 건 후원회사가 주류회사라는 점. 슬로건은 "장례식에 재미를"이다.

종교 행사가 된 사례도 있다. 미국의 닉슨 매킨스라는 소셜 미디어 회사는 매달 '실패의 예배'를 개최한다. 고해성사의 시간도 있다. 하지만, 공개적이다. 예배는 늘 박수와 함성의 찬양으로 끝맺는다.

축하 파티도 있다. '클래시 오브 클랜' '클래시 로얄' 등 모바일 게임을 히트시킨 핀란드 게임사 슈퍼셀은 2010년에 시작한 스타트업이다. 2016년 중국 텐센트가 인수했는데, 금액이 무려 10조 원에 달했다. 회사의 독특한 문화 중 하나가 '실패 축하 파티'[1]다. 프로젝트의 실패가 확인되는 순간 샴페인을 터뜨린다. 실패를 허용하는 정도를 넘어 실패를 지원했을 때 더한 벤처 정신이 살아난다는 것을 깨달았기 때문이다. 구글의 CEO였던 에릭 슈밋 역시 비슷한 관점에서 회사를 이끌었다. 그의 말이다. "구글은 실패를 축하하는 기업입니다."

실패 박람회도 있다. 2018년, 우리나라 행안부와 중소벤처기업부가 공동으로 개최하기 시작했다. 1회 행사의 모토는 '실패는 부끄러운 것이 아니에요!' 우리 사회도 실패의 경험이 사회의 자산일 수 있다는 것을 비로소 깨닫기 시작했다는 신호다.

다들 왜 이러는 걸까. 어느 나라건 실패는 감추고 싶은 문화였다는 것을 보여 준다. 하지만, 더 이상 감출 필요가 없는 자산이라는 것을 깨달은 것이다. 어떤 형식을 빌리더라도 실패를 공개하고, 공유하고, 사회적 자산으로 만들 때 한 사회의 성공이 재촉된다는 것을 알게 된 것이다.

하얀색 콜라,
보라색 케첩

'콜라 색'이 있다. 어떤 색인지 바로, 떠오를 것이다. 그런
데 색깔이 없는 무색의 콜라가 있다면? 그걸 '크리스털
콜라'라고 불렀다. 1992년 펩시가 시장에 내놓았다. 첫해
에는 반응이 뜨거웠는데 다음 해에는 차갑게 식어 버렸
다. 그럼, 케첩의 색깔은 무슨 색이어야 할까. 2000년 하
인즈는 보라색 케첩을 내놓았다. 처음에는 열광했지만,
나중에 징그럽다며 시장에서 쫓겨났다. 어디로 갔을까.
'실패박물관'으로 모여들었다.

　미국 미시간주에는 실패박물관이 있다. 처음에는 실패
박물관이 아니었다. '신제품 작업소'였다. 로버트 맥메스
라는 이가 1960년대 말부터 신제품들만을 모으기 시작
했다. 애써 모았더니 신제품의 80%가 실패한 제품이 되
더라는 것. 7만 점 이상을 수장하게 되자 마케팅 전문가
들이 이곳을 주목하기 시작했다. MBA의 필수 코스가 되

었다. 1990년 실패박물관으로 간판을 바꿔 달았다. 실패학의 성지가 됐다.

2017년 6월, 스웨덴 헬싱보리에도 실패박물관이 개관됐다. 대표적인 전시품 중 하나가 오토바이 제조사 할리데이비슨이 1996년 출시한 향수인 '핫 로드'다. 할리데이비슨 마니아들은 그들만의 액세서리를 선호한다. 향수도 그럴 줄 알았다. 하지만, 라이더들의 옷깃에 바람이 스쳐 가듯 향수는 실패했다.

박물관은 최고의 유산만 보존된 곳이 아니다. 아니, 실패 또한 인류 최고의 유산일 수 있다. 실패박물관은 인간의 본질인 실패의 역사를 수집하고 보존하는 곳이다. 인간의 특성인 호기심을 수장하는 곳이다. 인간의 모험과 시도가 얼마나 특별한지를 자랑하는 곳이다. 모든 박물관이 그러하듯 실패를 기억하는 곳이다. 실패를 전달하고, 공유하는 곳이다. 간접 체험하는 곳이다. 실패의 경험을 컨설팅하고, 반면교사 삼는 곳이다. 실패가 인류의 자산이요, 지식재산이 될 수 있다는 것을 보여 주는 곳이다.

우리도 이제 실패박물관을 건립할 때가 됐다. 이를테면, 2021년 궤도 안착에 실패한 한국형 발사체 누리호

(KSLV-Ⅱ), 1995년 삼성전자 구미 사업장에서 있었던 애니콜 화형식에서의 휴대전화[2] 등등을 전시한다면 박물관으로서의 가치는 넘쳐날 것이다.

실패를 포상한다

미국의 신용정보회사인 '던 앤드 브래드스트리트(Dun and Bradstreet)'에는 '실패의 벽'이 있다. 안내문 내용이다. "1. 실패한 순간을 자세히 기록하세요. 2. 그것을 통해 무엇을 배웠는지를 쓰세요. 3. 자신의 이름을 적고 사인하세요." 이것은 강요가 아니다. 실패에 대한 자기 고백을 통해 자신감을 회복하는 장이다. 실패를 배우는 방식은 이렇듯 다양하다.

단순한 고백을 넘어 아예 실패를 포상하는 기업들이 있다. 가장 큰 실패, 가장 훌륭한 실패에 상을 준다. 대표적인 회사가 일본 혼다 자동차가 시행 중인 '올해의 실패왕'이다. 한 해 동안 가장 크게 실패한 연구원에게 수여한다. 상금은 우리 돈으로 약 1,000만 원 정도. 혼다의 창업자 소이치로 혼다가 말했다. "성공이란 당신의 일에서 그저 1%의 비율로 존재할 뿐이고, 나머지 99%는 실패라는 이름으로 불린다." 1%가 아닌 그 99%에서 가치를 찾아내려는 것이다.

미국 3M은 2003년부터 '퍼스트 펭귄 어워드'라는 포상 제도를 실시해 오고 있다. 다른 펭귄이 머뭇거릴 때 과감하게 맨 먼저 바다에 뛰어드는 펭귄이 있다. 그 펭귄을 '퍼스트 펭귄'이라 부른다. 선구자 또는 도전자의 의미로 사용되는 관용어다. 그런데 수상자는 선구자도, 도전자도, 성공자도 아니다. 실패자다. 프로젝트에서 실패한 사람만이 수상 자격을 갖는다. 대신 이들은 자신의 프로젝트가 실패한 이유를 발표해야 한다.

이미 세계적인 경영 컨설턴트 톰 피터스가 한 말이 있다. "탁월한 실패에는 상을 주고, 평범한 성공에는 벌을 주어라." 왜 그랬을까. 실패를 공포와 손잡게 해서는 안 된다. 실패는 버려서는 안 될 기업의 자산이다. 실패를 어떤 방식으로든 위로하고, 고무하고, 찬양하는 데서 모험은 시작된다. 기본적으로 실패를 어떻게든 어둠 속에서 끄집어내고 싶은 것은 세계적 흐름이다.

성공과 실패에 겸손해야 하는
또 다른 이유

질문을 던져 보고 싶은 이야기가 있다. 혼자서는 해결이 안 되어서다. 함께 고민해 보고 싶은 지점이다. 첫째, 성공과 실패의 상대성이다. 어느 게 성공이고, 어느 게 실패일까. 성공과 실패라는 판정은 늘 공정하고 정확할까. 둘째, 성공과 실패의 시간성이다. 너무 일찍 세상에 나오는 바람에 시장에서 외면받아 실패라고 낙인찍히는 발명품들이 있다. 세상의 무지 때문에 실패한 이론들도 있다. 지동설 같은 경우다. 또 다른 경우도 있다. 성공과 실패의 순환 혹은 부조화다. 한편에서는 실패였지만, 엉뚱하게도 다른 한편에서는 성공으로 평가되는 경우다. 숨겨진 효능이 발견되는 의약품의 경우가 그렇다.

탈리도마이드(thalidomide) 사건이 있다. 독일의 상품명을 따서 일명 '콘테르간(contergan) 스캔들'이라고도 한다. 현대 의학 역사상 최악의 사건 중 하나다. 1957년 산모들 입덧 방지제로 판매되기 시작했다. 입덧 방지제로서는 성공이었다. 하지만 성공이 성공이 아니었다. 약을 복용한 산모에게서 사지 기형아들이 태어나기 시작한 것이다.

끔찍한 실패였다. 판매가 금지되기 전까지 5년 동안, 전 세계에서 1만 2000여 명 이상의 기형아가 태어났다.

하지만, 미국은 예외였다. 미국 FDA에는 켈시상이 있다. 1960년 탈리도마이드 약효를 끝까지 의심하고, 실패 여부를 끝까지 확인하면서 승인을 거부했던 프랜시스 켈시 박사를 기리기 위한 상이다. FDA는 미국에서의 판매를 허락하지 않았는데 이는 온전히 켈시 박사의 공로였다. 그래서 미국에서만큼은 이 약의 실패 사례를 남기지 않았다.

그런데 성공과 실패의 아이러니라고나 할까. 의학자들은 먼 훗날 탈리도마이드에서 다른 효능을 찾아낸다. 1998년 미국 FDA는 탈리도마이드를 한센병 합병증 치료제로 승인한다. 2006에는 다발성 골수 종양 환자에게 제한적으로 사용을 승인하기도 했다. 하나의 약품이 어느 때는 성공이고 어느 때는 실패로, 또 어느 기관, 어느 학자, 어느 질병에 따라서는 성공으로, 실패로 인정되거나 평가받는 결과를 낳기도 한다. 성공과 실패에 대해 겸손해야 하는 또 다른 이유다.

11장

실패를 연구하라

"실패로부터 배운 것이 있다면 그것은 성공이다."

— 말콤 포브스(기업인)

실패학의 탄생

실패를 다루는 분야는 많다. 스포츠건, 산업현장이건, 경영학이건, 심리학이건. 실패를 학문의 한 분야로 다루는 학문 또한 많다. 실패가 독립된 하나의 학문이 될 수 있을까. 일본이 그렇다.

2021년 세상을 떠난 일본을 대표하는 지성 다치바나 다카시가 나중에 후쿠시마원전사고 조사검증위원장을 맡게 되는 하타무라 요타로를 인터뷰한 적이 있다. 그때 하타무라는 자신의 전공인 기계공학에서 출발해 실패 사례를 축적하고, 이를 법칙으로 정립해 가는 중이었다. 하타무라는 그때까지도 자신의 연구가 학문의 한 분야일 거라고만 생각했지, 독립적인 학문이 될 거라고까지는 생각하지 못했다. 그런데 인터뷰 도중 다치바나가 그 정도라면 '실패학'이라 불러도 손색이 없겠다는 조언을 하게 된다. 실패학의 탄생 비화다.

왜 실패학일까. 상식 수준에서 이해하면 된다. 세상엔 실패가 많다. 모든 분야에 실패가 있다. 그렇지만 사람들은 성공만을 연구할 뿐 실패를 외면한다. 이렇게 실패가 주변에 널려 있다면 원인이 있을 거고, 사례들을 모아 가다 보면 그것을 법칙화할 수 있지 않을까. 그걸 통해 실패를 예방할 수 있다면 더 안전한 사회를 건설할 수 있을 거고, 이것이 바로 실패학의 학문으로서의 가치다.

초창기 하타무라가 실패학에 대해 '성공의 힘과 확신을 주는 실패학의 10가지 견해'를 정리해 놓은 것이 있다. 참고할 만하다. ① 성공은 99%의 실패 교훈과 1%의 영감으로 만들어진다. ② 실패는 어떻게 해서든 스스로를 감추려는 속성이 있다. ③ 방치해 놓은 실패는 성장한다. ④ 실패의 하인리히 법칙 – 큰 실패는 20건의 작은 실패와 300건의 실수 끝에 발생한다. ⑤ 실패 정보는 전달을 꺼리며, 전달되는 중에 항상 축소된다. ⑥ 실패는 비난하고 추궁할수록 더 큰 실패를 낳는다. ⑦ 실패 정보는 모으는 것보다 고르는 것이 중요하다. ⑧ 실패 가운데에는 필요한 실패와 일어나선 안 될 실패가 있다. ⑨ 실패는 숨길수록 병이 되고 드러낼수록 성공이 된다. ⑩ 좁게 볼 때는 성공인 것이 전체로 보면 실패일 수 있다.[1]

실패학 강의

2017년 7월 2일 자 뉴욕타임스 기사 제목이다. 'On Campus, Failure is on the Syllabus(실패 강의 계획서)' 미국 대학에 실패학 강의 바람이 불고 있다는 내용이었다. 하버드대학은 '성공–실패 프로젝트(Success-Failure Project)'라는 강의를 개설 중이다. 교수와 학생들이 서로의 성공과 실패를 나누며 과정을 복기한다. 어떻게 하면 실패에서 잘 회복할 수 있는지가 주된 테마다. 매사추세츠주의 스미스대학은 '잘 실패하기(Failing Well)' 강좌를 진행한다. 강의 시작 전, 학생들은 '실패 증명서(Certificate of Failure)'를 발급받는다. 무슨 일이든 실패해도 괜찮다고 인증하는 증서다. 일종의 '실패 허가증'이다. 장난스럽지만 실패에 대한 공포와 두려움을 완화하고, 모험 정신을 기르겠다는 취지다.

앞서 보았듯 실패학의 원조는 일본이다. 일본은 실패학의 기원이 기계공학 분야에서 비롯되었기 때문인지 특히 산업현장이나 안전과 관련된 측면에서의 연구가 활발하다. 미국은 스타트업이나 경영학 분야에서의 학문성이 특별히 도드라진다. 그리고 특유의 문화인 사례연구와 체험형 학습이 강의에 깊숙이 녹아들어 있다.

그렇다면 우리의 실패학은 어디까지 와 있을까. 아직 학문으로서의 실패학은 존재하지 않는 것으로 보인다. 그냥 단편적인 특강 주제의 하나일 뿐이라고나 할까. 그런데 실패에 대한 우리 사회의 인식이 달라지고 있듯 우리 대학에도 실패학이 학문의 영역으로 조금씩 자리 잡아 가고 있다. 대학 강의가 그런 단초를 보여 준다. 교양강좌의 한 부분으로 실패학을 다루는 대학들이 있다. 심리학이나 사회학의 한 분야로 실패학을 강의하기도 하고, 창업 성공 전략의 한 사례로서의 실패학을 다루는 강좌도 늘고 있다.

실패 데이터베이스를
구축하자

실패학이 어떻게 사회에 이바지할 수 있을까. 실패 사례를 모아야 한다. 공유해야 한다. 누구나 이용할 수 있어야 한다. 지식재산으로 만들어야 한다. 일본이 그렇게 하고 있다.

일본에는 과학문화사업을 총괄하는 독립 행정 법인으로 일본과학기술진흥기구(JST)가 있다. 예산의 90% 이상이 국가에서 지출된다. 하는 일을 예로 들자면, 문부과학성과 손을 잡고 수학과 과학에 뛰어난 실적을 보이는 고등학교에 엄청난 예산을 지원하는 프로그램도 있다. 기구는 2005년 3월부터 '실패지식 데이터베이스'를 운영 중이다. 미쓰비시중공업 같은 민간대기업은 물론 국가 기관, 대학·공공연구기관 등의 사례가 총망라돼 있다.

미국 연방교통안전위원회(NTSB)이 항공 사고가 발생할 뻔했던 위기 사례를 모아 주기적으로 발간하는 보고서도 실패학의 한 사례다. 사례연구를 통해 어떤 실패가 있었는지, 어떻게 실패를 회피할 수 있었는지 통찰을 얻게된다. 이것이 실패지식을 공유하는 방식이다.

일단 일본과 미국 등이 이 분야에 특별한 전문성을 가지고 있고 앞서가고 있다는 것을 시인하자. 그런 다음 우리와 한번 조심스럽게 비교해 보자. 우리는 어떠한가. 여전히 실패는 감추어야 할 그 '무엇'이다. 성공의 경험은 가치가 있기에 나눠야 할 대상이지만 실패는 부끄러운 것이기에 공유할 만한 특별한 가치도 없다. 성공에서는 배울 게 있지만, 실패에서는 배울 게 없다. 차라리 성공을 배우는 게 더 낫고, 더 빠르다. 이게 우리 사회의 인식일 것이다.

　　이런 사회문화가 광범위하게 자리 잡고 있기에 실패학이라는 학문이 자리 잡기도 어렵고, 실패의 사례들이 공개적으로 공유되기는 더 어렵다. 실패 사례가 결코 자산일 수 없고, 하물며 실패가 지식이 되기에는 여전히 멀었다. 자, 이제는 나라가 나서야 할 때다. 사회간접자본이 더 이상 도로나 다리나 인터넷망에 그쳐서는 안 된다. 실패를 인정하고, 실패의 가치를 존중하고, 실패를 공유자산으로 만드는 데이터를 구축하고, 이를 지식재산으로 만들어야 한다. 서둘렀으면 좋겠다.

과학이 실패와
제일 친하다

기왕 일본 이야기를 쓰고 있으니 한 가지만 더 언급해 보자. 가을, 노벨상 수상자 발표 때만 되면 묘한 서글픔이 들 때가 있다. 일본 과학의 힘이랄까.

인간의 면역 체계와 암세포 사이의 연관 관계를 규명하는 연구를 통해 혁명적인 암 치료법을 개발한 공로로 2018년 노벨 생리의학상을 수상한 혼조 다스쿠 교토대 특별교수가 있다. 교수의 좌우명은 중국 『후한서』에 나오는 '유지경성(有志竟成, 뜻이 있으면 반드시 달성할 수 있다.)'이다. 그의 말이다. "실험은 실패가 당연한 것이다. 그 실패 때문에 주눅이 들면 안 된다. 연구에 불가능은 없다. 반드시 길이 있다고 믿고 연구해 왔다."

중요한 시사점이다. 반복하지만, 실패는 당연하다. 그러하니 실패를 인정할 줄 알아야 한다. 실패를 두려워할 필요가 없는 것이다. 이렇게 보면 실패와 가장 친한 분야가 바로 '과학'이다. 과학은 실패를 먹고 산다. 과학에서의 성공은 실패라는 거대한 피라미드 꼭대기에 놓인 마지막 돌조각 하나에 불과하다. 이처럼 과학은 가설의 실패, 관찰의 실패, 실험의 실패, 검증의 실패 등 수많은 실패로 점철되어 있다. 실패를 두려워하는 사회문화 속에서는 결코 노벨상에 가까워질 수 없다.

실패를 결코 개인화해서도, 사유화해서도 안 된다. 실패를 사회화해야 한다. 그래서 데이터베이스 구축을 서둘러야 하고, 공유시스템을 만들어야 한다. 뉴턴이 인용해서 유명해진 말이 있다. "내가 더 멀리 보았다면 이는 거인들의 어깨 위에 올라서 있었기 때문이다." 특히 과학이란 그런 것이다. 누군가의 실패의 경험이 다른 사람에게는 성공의 밑거름이 될 수 있다. 누군가가 걸어 보니 막다른 골목이라면 그 경험이 다른 사람에게는 새로운 길을 개척하는 값진 경험이 된다. 그 실패가 누군가에는 성공으로 가는 문을 열어 주는 것이다. 그쪽으로 갈 필요가 없으니. 미국에서 최초로 노벨 물리학상을 받았던 앨버트 마이컬슨-몰리의 한 실험은 훗날 잘못된 연구로 밝혀졌지만, 그의 실험 때문에 아인슈타인의 상대성 이론이 탄생할 수 있었다. 실패해서 유명한 실험으로, 성공한 실험만큼이나 널리 알려져 있고, 인용되고 있다.

실패를
형사처벌하는 문화

자연재해가 발생했다. 우리의 최종 결론은 무조건 '인재(人災)'다. 당장 압수수색 들어가고, 모든 언론이 달라붙어 악마화하고, 형사처벌한다. IMF 때도 그랬다. 결국은 인재라고 판단했고, 검찰이 달려들어 수사하고, 형사처벌했고. 나중에 최종 결론은 어떻게 되었을까. 당연히 무죄였다. 이것이 실패에 대한 한국형 책임 시스템이다.

2001년 미국에 9·11테러가 있었다. 미국은 이 비극에 대해 단 한 사람에게도 형사적으로 책임을 묻지 않았다. 대신 미국은 제도를 바꿨다. 첫째, 15개나 되는 정보기관이 각기 따로 노는 바람에 정보 공유 측면에서 문제가 발생했다고 보고 각 정보기관을 총괄하는 대통령 직속의 최고위 정보기관, 국가정보국(DNI)을 신설했다. 둘째, 군과 경찰 사이의 업무 분장에 빈틈이 있다는 것을 확인하고, 군과 경찰의 중간단계인 국토안보부를 신설했다. 이것이 실패를 연구하는 이유고 실패를 통해 바꿔 나가야 할 근본이다.

물론 형사책임은 필요하다. 민사책임도 필요하고, 행정

책임도 필요하다. 도덕적 책임, 윤리적 책임도 필요하다. 책임의식이야말로 실패를 예방하고, 학습할 수 있는 가장 주요한 동기가 될 것이다. 실패의 책임으로부터 자유롭기 위해서는 주어진 의무를 다해야 한다. 자신에게 부여된 의무에 대해 최선의 주의의무를 기울이고, 예방할 수 있도록 노력해야 한다. 다만, 형사책임이 모든 책임의 전부가 되어서는 곤란하다. 책임을 부담하는 방식은 다양해야 한다. 한편, 결코 과도해서는 안 된다. 때론 형사책임이 지극히 보충적이어야 한다. 형사책임인지, 법령을 바꿔야 할 사항인지, 사회문화를 바꿔야 할 사항인지, 제도개선 사항인지, 대책이라는 측면에서 좀 더 세분화하고 구체화할 필요가 있다.

그런데 한국 사회는 지나치게 형사책임에 집착한다. 형사책임은 사람에 대해 책임을 묻는 방식이다. 형사책임은 실패를 개인화시키는 제도일 수 있다. 자칫 사회적 책임, 제도적 책임, 정치적 책임을 외면하게 만든다. 애꿎은 희생양을 만드는 경우도 있다.

우리는 왜 실패를 연구해야 하는가. 실패학의 궁극적인 목적은 제도를 개선하고, 시스템을 바꿔 사람들의 실패를 예방하거나 줄이는 데 있다. 그런데 우리는 실패에 대해 지나치게 형사책임을 묻는 쪽으로 편향되어 있다. '실패의 형사책임화' 현상은 어쩌면 과잉인 것 같다.

12장

실패를 예방하라

"가장 큰 위험은 위험을 피하는 것이다. 모든 것이 급변하는 시대에 위험을 피해 가는 전략으로는 반드시 실패한다."

― 마크 저커버그(메타 CEO)

세월호 참사의 교훈

2008년 총선에서 재선에 실패하고 난 뒤라 그랬던 걸까. 2009년 가을 출간된 나카오 마사유키 교수의 『실패 100선』에 꽂혔다. 세계적인 대형 사건이자 인간의 대실패에 해당하는 178개의 사건·사고를 분류하고 공학 이론 측면에서 원인을 분석한 책이었다. 시대착오적인, 문·이과라는 구획 속에서 학업을 쌓아 오다 보니, 그리하여 스스로 두뇌 반쪽을 포기해 버린 채 살아온 실패한 세대여서인지 이해하기 쉬운 책은 못 되었다. 그럼에도 책의 특장에

흠뻑 빠졌다. 어느 언론사에서 '나의 애독서'라는 이름의 기고를 요청해 왔다. 문제의식을 공유하고 싶었다. 책에는 1983년 구소련 전투기의 대한항공 여객기 격추 사건, 1995년 삼풍백화점 붕괴 사고, 2003년 대구 지하철 화재 참사 등도 수록되어 있다.

2011년 3월, 일본 대지진과 쓰나미, 후쿠시마 원전사고로 이어지는 대재앙을 목격했다. 세기말적인 공포였다. 그때부터 나는 실패를 키워드 삼아 자료를 모으기 시작했다. 2012년, 다시 여의도에 갔다. 그간의 반성을 토대로 '대형재난과 위기관리'에 관한 세미나를 조직했다. 우리 사회에도 공포스러운 대형재난이 임박한 느낌이었다. 정치인으로서 사회적 재난을 예비하고, 예방해야 한다는 본능에 가까운 느낌이었다. '여의도 일기'라는 이름으로 의정 기록을 매일 남길 때였다. 어디선가 터질 것 같은 위험성과 두려움을 일기에다 수차례 경고했다. 마치 강박증처럼 위기관리를 공부했다. 그로부터 2년 뒤인 2014년 4월, 세월호 참사가 있었다. 하지만 내가 할 수 있는 일은 아무것도 없었다. 법률가로서, 정치인으로서 이 땅의 창창한 생명들을 위해 해 놓은 일이라곤 아무것도 없었다. 명백한 실패였다. 이 땅에 먼저 살아온 세대로서, 나라와 시민을 위해 무언가를 하겠다며 거창한 구호를 외쳤던 정치인으로서 부끄럽고 처참한 패배였다. 고백하건대, 그것이 이 책의 한 단초이기도 하다.

하인리히의 법칙

1931년 미국 보험회사에서 일하던 허버트 W. 하인리히가 산업재해에 대한 책을 한 권 냈다. 회사에서 산재 배상 일을 하다가 흥미로운 통계학적 규칙을 발견했다. 산재가 발생해 사망자가 1명 나오면 그 전에 같은 원인으로 발생한 경상자가 29명, 같은 원인으로 다칠 뻔했던 잠재적 부상자가 300명이나 있었다는 사실이었다. 하인리히는 이를 법칙화했는데, '1:29:300 법칙'이라고 부른다. 큰 사고와 작은 사고 그리고 사고의 징후 발생 비율이 1:29:300이라는 것. 1명의 사망이라는 대형사고 이전에 발생한 300이라는 잠재적 징후를 잘 관리한다면 대형 사고를 예방할 수 있다는 이론이었다. 다시 말해 큰 사고는 갑자기 하늘에서 뚝 떨어지는 것이 아니라 경미한 사고들의 반복과 연속선상에서 발생한다는 것을 실증적으로 밝힌 첫 연구였다.

'큰 실수는 마치 밧줄처럼 여러 개의 가는 줄기로 만들어지는 법'이다. 이렇게 해서 하인리히 법칙은 산재 사고의 중요한 이론이 됐고, 일본 후쿠시마 원전 사고의 최종 보고서에도 올라갔다. 한편, 우리 사회에서 논란이 되고 있는 '중대재해 처벌 등에 관한 법률'의 이론적 근거가 되기도 한다.

인간은 신이 아니기에 완벽할 수 없다. 인간은 또한 창조주가 아니기에 자연을 넘어설 수 없다. 그래서 각종 재해나 사건·사고가 늘 인간과 함께한다. 어떻게 하면 예방할 것인지, 어떻게 하면 막을 수 있을 것인지, 어떻게 하면 줄일 수 있을 것인지, 숙명의 과제이기도 하다.

그럼 어떻게 해야 실패를 예방할 수 있을까. 그 실마리를 '단일 실패점(SPOF)' 혹은 '단일 고장점 이론'에서 발견할 수 있다. 본래 자연과학의 용어다. 어떤 시스템 중에서 한 부분이 고장 나면 전체 시스템이 멈춰 버리는 핵심 부분을 말한다. 타이어가 펑크 나도 자동차는 굴러간다. 하지만 엔진이 멈춰 서면 자동차는 멈추고 만다. 사고의 예방이나 인간의 실패 또한 핵심 가치에 집중해야 한다는 것을 보여 주는 이론이 된다.

사전에 부검하라

사람이 자연사가 아니라면, 나라는 다른 죽음의 원인이 있는지를 밝혀야 한다. 나라에 주어진 중대한 의무다. 억울한 죽음이 있어서는 결코 안 되기 때문이다. 그래서 어느 나라건 검시제도나 부검제도를 운용한다. 당연하게도 검시제도 등은 사후에 실시한다. 검시란 외관을 보고 육안으로 사인을 밝히는 일이고, 부검은 해부를 통해 사인을 밝히는 것을 뜻한다. 이런 법의학적 방법론을 실패의 원인과 결과 분석에도 차용할 수 있을까. 실패 또한 결과가 발생한 이후에야 분석이 가능하다. 마치 사후 검시나 부검처럼. 그런데 이미 나쁜 결과가 발생한 다음에야 그 원인을 밝힌다면 그 효과는 반감되고 말 것이다. 이미 발생한 나쁜 결과를 뒤집을 수는 없기 때문이다. 문제는 예방이다.

심리학자 게리 클라인이 '사전부검(pre-mortem)'이라는 아이디어를 냈다. 실패한 다음에야 분석하지 말고 사후 부검하듯, 사전에 이미 실패했다고 생각하고 미리 예측해 보자는 것이다. 프로젝트가 실패했다고 가정하고 왜 실패했는지, 어떻게 실패했는지를 분석해 보자는 것이다. 최악의 상황을 가정하고, 예방책을 찾아 나서는 방법론 중 하나다.

구글X의 아스트로 텔러가 이끄는 팀도 이 '사전부검'을 활용하고 나섰다. 팀 구성원은 프로젝트를 진행하기 전 가능한 모든 위험과 문제를 예상하고 결과를 예측한다. 이런 잠재적인 위험들을 놓고 실현 가능성을 따져 보고 프로젝트에 대해 투표로 찬반을 결정한다. 위험성이 높으면 반대가 많을 거고 프로젝트는 폐기된다. 흥미로운 것은 다음이다. 프로젝트가 폐기당했다고 하자. 우리 사회에서는 '이것조차도 검토하지 않았어.'라며 비웃음을 살 것이다. 하지만 구글X는 구글답다. 되려 보상을 한다. 다만, 보상은 지극히 인간적이다. 하이 파이브나 격정적인 포옹을 통해 위로가 아닌 격려를 한다.

아무리 효과적인 사후 수습이라 하더라도 사전 예방만 못할 것이다. 그러기 위해서는 예측 능력이 필수적이다. 태풍이 지나간 다음에 피해를 따지는 것보다 태풍이 오기 전에 미리 피해를 예측하고, 대비 태세를 단단히 하는 것, 이것이 적절한 예가 될 것 같다.

블랙스완을 상상하라

'블랙스완' 이론이 있다. 백조는 하얗다. 그런데 검은 백조가 있었다. 1697년, 네덜란드 탐험가가 오스트레일리아에서 검은 백조를 발견했다. 예상할 수 없었던 일이 실제로 일어난 셈이다. 이런 상황을 두고 '블랙스완'이라 부른다. 2007년, 나심 니콜라스 탈레브가 『블랙스완』이란 책을 쓰면서 경영학 이론에서 대중화됐다.

탈레브가 제시한 '블랙스완'의 특징은 세 가지다. 첫째, 예외적이다. 당연하다. 백조는 이름이 그러하듯 깃털이 하야니까. 둘째, 일단 발생하면 엄청난 충격과 파급효과를 가져온다. 셋째, 발생한 이후에는 사람들이 사전에 예측할 수 있었다고 받아들인다는 점이다. 그래서 탈레브가 내린 결론이다. "우리가 이 세상에서 살아가려면 우리가 갖고 있는 것보다 훨씬 더 많은 상상력이 필요하다." 그래야 한다. 인간의 오감 능력이 갖는 한계를 인정해야 한다. 직접 보거나 경험하지 못한 세상이 있다는 것을 인정해야 한다.

축구 골키퍼 출신 노벨문학상 수상자 알베르 카뮈가 말한 적이 있다. "공은 결코 내가 원하는 방향으로 오지 않는다." 그래서 상상력이 필요하다. 상상력은 예술의 영역이 아니다. 때론 과학의 영역이다. 발생 가능한 여러 상황을 가정할 수 있어야 한다. 여러 시나리오를 그려 볼 수 있어야 한다. 인생도, 전쟁도, 축구도, 프로젝트도 그러하다. 플랜A만으로 끝나는 경우는 거의 없다. B, C가 필요하다. 그렇다면 가정법이 필요하고, 여러 가정들을 상정하는 상상력이 필요하다. 삶이라는 것이 예측 불가능한 영역에 속하기 때문이다. '블랙스완'을 예상하고 시작했던 일과 결코 예상조차 해 보지 않았던 일의 차이는 분명 다를 것이다.

때로는 정반대의 상상조차 필요하다. 무조건적인 비판이나 반대만으로도 의미가 있다. 반대가 주는 균형과 대안성 때문이다. 로마 가톨릭에는 '악마의 변호인(Devil's Advocate)' 제도가 있다. 성인으로 추대될 후보자들의 덕행과 그들이 기적을 행했다는 평가에 '오로지' 반대의 의견만을 제시하는 것이 임무다. 하지만 1983년, 교황 요한 바오로 2세가 제도를 폐지했다. 이때 배출된 성인의 수가 앞서 재임한 263명의 교황 시절 배출한 성인을 모두 합한 것보다 많았다. 악마의 변호인의 반대는 트집이었을까. 아니다. 때로는 반대가 진실을 더 강하게 만든다. 반대야말로 실패를 예방하는 또 하나의 무기다.

실패를 줄여라

'불량률 제로(Error zero)'에 도전하는 기업들이 있다. 반갑다. 하지만 한 번 더 생각하면 그게 가능할까 하는 현실적 회의론이 덮친다. 목표일까? 실현 가능한 현실일까?

완벽주의의 함정 혹은 위험성에 대해 언급한 적이 있다. 완벽을 꿈꾸는 것은 인간의 목표다. 하지만 실패 없는 삶이란 애당초 존재하지 않는다. 그렇다면 '내 사전에 실패란 없다.'라는 유의 목표와 같은, 결코 현실적이지 않은 실패에 대한 목표치는 좀 더 낮춰져야 한다.

인간은 실패와 동행한다. 그래서 현실적 목표는 실패를 하지 않겠다가 아니라 실패를 줄이겠다가 되어야 한다. 야구 경기에서 실책을 최소화하겠다는 목표를 내건 것과 같다. 실패도 여러 가지가 있다. 사소한 실패가 있는가 하면 중대한 실패도 있다. 당연히 위험하고, 중대하고, 심각한 실패를 줄이는 것이 우선이어야 한다.

실패를 차곡차곡 쌓아 가지 않는 것 또한 중요하다. 실패에도 매너리즘이 있다. 자꾸 실패하다 보면 실패에 무감각해진다. 강조해 왔지만 실패라는 결과에서 배우지 말고 과정에서 배우는 것이 더 낫다. 사후에 실패를 분석하기보다는 사전에 실패를 예측하고 실패를 예방하는 쪽으로 초점을 옮겨야 한다. 의학의 초점이 사후 처치에서 예방 의학 쪽으로 넘어오는 것처럼. 법률시장도 마찬가지다. 계약상의 분쟁이 생겼다면 계약에 실패한 것이다. 그제야 법률전문가를 찾아 소송으로 해결하는 것보다는 앞선 예방 의학처럼 사전에 법률전문가에게 자문하는 것이 낫다. 발생할 여러 가능성을 검토하고 구체적으로 계약서를 작성한다면 이것이야말로 '예방 법률'이다.

유럽 프로축구의 격언이 생각난다. "공격이 강하면 승리하고, 수비가 강하면 우승한다." 잘할 수 있는 일을 잘하는 건 중요하다. 하지만, 약점을 방어하고, 실책을 줄이고, 실패를 줄여 나가는 일이 장기적으론 훨씬 더 중요할 수 있다. 성공을 향해 달려가는 공격적 본능만큼이나 실패를 줄여 나가는 수비적 본능 또한 중요하다.

13장

타인의 실패를 분석해 보자

"우리는 성공보다 실패를 통해 더 많은 것을 배운다. 하지 말아야 할 것을 발견함으로써 해야 할 것을 발견하게 된다."

— 새뮤얼 스마일스(작가)

실패 모델을
찾아라

누구나 눈앞에 보이는 사람을 해석하려 든다. 자신에 대한 유불리(有不利)를 따지고 이익과 손해를 비교해 보는 건 인간의 본성이다. 그래야 살아남는다. 오랜 진화의 산물일 것이다. 눈앞에 보이는 사람을 연구하고, 당대의 사람을 학습하고, 역사적으로 축적된 사람들의 성공과 실패를 탐색하고, 그렇게 끊임없이 사람에 대해 공부하고, 경험하다 떠나는 것이 인생일 것이다. 사람에 대한 두 갈

래의 질문을 가지고 산다.

첫째는 나보다 더 나이나 경험치가 많고, 성공의 나이테를 훨씬 두텁게 가지고 있음에도 불구하고 여전히 뜨거운 열정으로 세상을 살아가는 선배나 어른들이 있다. 그분들에게 늘 묻는다. "어떻게 지금까지, 그리고 이토록 뜨겁게 새로운 열정을 불태울 수 있나요? 그 비결이 뭐죠? 무엇이 아직까지도 열정을 이끌어 가고 있는 거죠?"

둘째는 동시대를 살아가는 나와 비슷한 연배들에 대한, 국적과 성별을 떠나서 그들에게 던지는 질문이다. '어떻게 저 사람은 나와 비슷한 시대와 나이와 경험을 살아가는데도 저렇게도 특별한 삶을 살아가고 있는 걸까. 도대체 비결은 뭘까. 내가 하나라도, 한 케이스라도 배울 수 있을까?'

몇 년 전, 고등학교 1년 선배이자 야구 레전드인 선동열 감독의 성공과 실패를 집중적으로 연구한 적이 있다. 선동열은 한국에서 '국보'였다. 1996년 일본 프로야구 주니치 드래건스팀에 입단했다. 개막전 마무리 투수로 등판했다. 시작부터 불운했다. '블론 세이브'였다. 일본 언론은 그날을 이렇게 분석했다. "정색을 하고 화를 내면서 던져 꽂는데 완급 조절이 전혀 이뤄지지 않은 단조로움이 치명타가 됐다." 얼마 후, 1군 엔트리에서 말소됐다. 재활을 거쳐 1군에 복귀했지만, 밸런스는 다시 급격히 무너져 내렸다. 하루빨리 명예를 회복해야겠다는 자존심이 조급증으로 이어졌다. 구원 전문이면서도 '제발 오늘은 내가 마운드에 올라갈 상황이 일어나지 않기만'을 기도하기에 이르렀다. 한국 야구에 대한 일본 언론의 약간의 빈정거림까지 더해지면서 선동열은 정신적으로나 기술적으로 서서히 파괴되고 있었다. 불과 1년 사이에 정상에서 바닥으로 끝 모를 추락에 접어들었다.

선동열과 이치로[1]

그해 가을, 호시노 센이치 감독의 지시에 따라 2군으로 내려갔다. 2군도 부족해 2.5군 내지는 3군 격인 교육리그로 내려갔다. 거기가 바닥이었던 모양이다. 더 이상 슬픔조차도 느끼지 못할 정도였다니까. 대신 비로소 자유를 얻었다. 한국의 대표라는, '국보 투수'라는 명예로부터 비로소 자유로워짐을 느낀 것이다. 등짐을 내려놓았던 것이다. 선동열이라는, 과거로부터 자유로운 한 인간으로 다시 태어난 것이다. 부활의 시작이었다.

어느 날, 재활군 투수코치가 접근해 왔다. "투수에게 가장 중요한 것이 뭘까?" "캐치볼이죠." "캐치볼 중에서 가장 중요한 것이 뭘까?" "스텝앤스로우(step and throw)아 닌가요?" "그러면 당신의 스텝앤스로우를 한번 보여 줘 봐." 초등학생부터 시작해 온 그 기본기를 잊고 살아왔던 것이다. 깨달음이 번쩍였다. 몸이 먼저 반응했다. 밸런스 가 잡히기 시작했다. 비시즌 중에는 공을 받아 줄 사람조 차 없어 주니치 드래건스팀의 세탁 업무를 맡아 일하던 주인에게 공을 받아 달라고 부탁하기까지 했다. 다시 일 어섰고, 그로부터 2년 뒤 우승팀의 9회 말 마지막 투수인 '헹가래 투수'가 됐다.

2019년에 은퇴한 일본의 메이저리거 스즈키 이치로는 미일 양국에서 '타격의 신'으로 평가받는다. 프로 생활 을 하는 28년 동안 매일 똑같은 루틴을 지키며 자기 생활 을 철저하게 통제한 것으로도 유명하다. 하지만 그조차 도 메이저리그 생활 마지막에는 팀을 찾지 못하고 헤매 다 친정팀 시애틀로 돌아온 적이 있다. 은퇴 직후 일본 스 포츠 매체 《넘버》와의 인터뷰에서 고백했다. "나는 항상 실패해 왔다." 다들 의아해했다. 하지만, 그의 야구에 대한 철학, 실패에 대한 철학은 남달랐다. "다만 실패하고 나면 노력해서 다시 그 실패를 뒤집어 왔다. 하지만 이번에는 마지막까지 싸운 끝에 졌다. 졌기 때문에 은퇴했다." 사족을 붙이는 순간 이치로가 말한 은퇴의 의미가, 삶의 의미가 뒤죽박죽되고 말 것이다. 그래서 나와 동시대를 살아가는 성공과 실패의 변주곡을 연주해 온 사람들의 삶은 아름답다.

'300년 뒤에 뭐 먹고 살지?'
손정의 비전

1999년 어느 날, 일본 소프트뱅크그룹의 CEO이자 프로 야구 소프트뱅크 구단주인 재일한국인 3세 손정의(일본명 마사요시 손)가 비서실장에게 미션을 주었다. "내년 2000년부터 300년 뒤인 2300년까지 우리 회사가 뭘 먹고 살지, 판매액의 목표를 정확히 좀 세워 보세요." 매번 느끼지만, 거인들은 나와 시간과 공간에 대한 개념이 다르다. 과장이 아니다. 분명 다르다.

손정의는 번지수도 없는, 불법으로 점유한 철도부지의

양철지붕 아래서 자라났다. 집안은 음식물 찌꺼기를 손수레로 모아다가 돼지를 키웠다. 어린 시절 가장 즐거웠던 순간은 할머니가 끄는 음식물 쓰레기 손수레를 타고 돌아다니던 일이었다. 손정의는 지금도 그 냄새를 그리워한다. 냄새가 주는 특별한 향수 때문이리라. 손정의 또한 한국인이라는 게 부끄러워 일본 이름으로 살았다. 가난과 국적은 그의 콤플렉스였다. 야심 차게 비즈니스를 시작했다. 한참 사업을 일으킬 때쯤, B형간염으로 죽을 뻔했다. 인사관리에 실패해 동료들이 배신하고 다른 회사로 이직하는 극도의 인간적 실패를 맛보기도 했다. 통신회사가 개인정보를 잘못 관리하는 바람에 수백만 명의 정보 유출 사건이 발생하기도 했다. 역대 최고의 고객 정보 유출 사태였다. 이동 통신 시장에 진입하면서 가격 파괴 수준의 요금 할인 행사를 벌였지만, 실컷 조롱만 당하고 실패했다. 그의 회사는 2020년 회계연도에 비전펀드 투자 부문에서만 약 20조 3,000억 원의 손실을 기록하기도 했다. 이른바 '손정의 제국'은 왜 실패하고 있는지를 두고 세계의 경쟁지들이 분석에 한창인 적도 많았다. 예컨대 비전펀드가 투자한 미국의 사무실 공유업체 위워크는 작년까지만 해도 기업가치가 450억 달러였는데 지금은 100억 달러에도 미치지 못한다. 그렇다고 손정의가 실패했다고 할 수 있을까. 코로나라는 특수한 상황을 이야기하는 사람도 있고, 손정의의 무분별한 투자를 비웃는 사람도 있다. 그렇다면 현재의 위기가 손정의에게 최종적 실패에 해당할까. 아니면 과정으로서의 실패일까. 틈틈이 손정의를 검색하며 그가 어떻게 고난을 헤쳐나가는지를 관찰한다. 살아 있는 선생님이다.

추락 중인
알리바바의 마윈

중국 알리바바그룹의 창업자 마윈은 추락 중이다. 어디가 바닥인지는 모르겠다. 중국 '빅테크 기업 길들이기'의 대표적인 희생양이 되고 있다. 차이나리스크로 인해 마윈은 이대로 끝나는 걸까.

마윈은 어린 시절부터 실패자였다. 보통 이상의 실패 경험을 가진 실패자였다. 그는 원하는 고등학교에 들어가지 못하고 재수를 했다. 대학입시에도 두 번이나 떨어졌다. 영어는 잘했지만, 수학 점수가 말썽이었다. 첫해에는 1점, 두 번째는 19점, 세 번째는 79점을 받아 항저우사범대학 영어교육과에 합격했다. 마지막엔 수학 예상 문제의 정답을 외우고 들어갈 정도였다. 대학입시에 낙방한 후 패스트푸드점 직원 면접에서 유일하게 떨어졌다. 서비스업에 부적합한 외모가 이유였다. 알리바바를 창업하기 전에 홈페이지 제작 대행, 온라인 상품거래 등 세 번의 사업 실패를 경험했다. 1999년 알리바바 창업 이후 2014년 뉴욕 상장에 이르기까지도 수많은 실패와 우여곡절이 있었다. 창업 이후 1단계 도약을 위한 투자자금 조달을 위해 접촉했던 40여 명의 투자자로부터 딱지를 맞았다. 알리바바가 잘 나가자 미국 실리콘밸리에 연구소를 세웠다가 돈만 날렸다. 준비 없이 '야후 차이나'를 인수해 검색 분야에 진출했다가 결국 포기했다.

마윈의 '실패관'은 '2014년 월드 인터넷 콘퍼런스'에서의 연설에서 잘 나타난다. 당시 그는 말했다. "많은 사람이 알리바바가 성공한 이유에 대해서 묻는다. 하지만 그간의 수많은 실패가 없었더라면 우리의 지금은 없었을 것이다. 어떤 큰 나무라도 그 밑에는 자양분이 있기 마련이다. 가장 큰 자양분은 이 시대 무수히 많은 사람의 실패에서 나온다."[2]

앞서 거인들의 시간관은 특별하다고 적었다. 다시 반복해야겠다.

중국에서의 11월 11일은 '독신자의 날'이자 세계적인 인터넷 쇼핑의 날이다. 마윈이 그렇게 만들었다. 2년 만에 대성공을 거뒀을 때 누군가 물었다. "앞으로 이 행사는 어떻게 될까요?" "행사는 계속될 것입니다. 이제 93년 남았습니다." 인생은 100년을 살기 어렵다. 그런데도 그는 100년 이상을 꿈꾸는 것이다.

젤렌스키와 처칠

2022년은 러시아와 전쟁을 치른 우크라이나 볼로디미르 젤렌스키 대통령의 리더십이 특별한 주목을 받은 한 해였다. 사실상 극도의 부패로 실패한 국가에 가까웠던 우크라이나를 위기의 리더십으로 이끌었다. 그는 연설에서 제2차 세계대전 때 영국 윈스턴 처칠의 연설을 인용했다. "우리는 포기하지 않을 것이고, 패배하지 않을 것이다. 우리는 숲에서, 들판에서, 해변에서, 그리고 거리에서 싸울 것이다."[3] 사람들이 그를 두고 '우크라이나의 처칠'이라고 부르기 시작했다.

처칠은 미국의 에이브러햄 링컨 대통령과 마찬가지로 평생 우울증에 시달렸다. 유전병이었다. 오죽했으면 사신의 우울증에다 '검은 개(Black Dog)'라고 이름을 붙였을까. 우울증을 반려 삼았다는 의미다. 제1차 세계대전 때는 전투 패배의 책임을 지고 해군 장관에서 해임됐다. 1922년에는 전쟁부 장관에서 쫓겨났다. 직후 3년 사이에, 세 번이나 하원 선거에 출마했지만 모두 낙선했다. 정치인으로서 희망이란 찾아볼 수 없는 여정이었다. 히틀러 때문이었다. 1940년 영국 수상의 자리에 오를 수 있었다. 전쟁을 승리로 이끌었다. 하지만 전쟁이 채 끝나기 전치러진 총선에서 영국 국민은 전쟁지도자 처칠을 버리고 노동당을 다수당으로 선택했다. "우리의 모든 적이 무조건 항복을 선언하거나 아니면 이제 막 항복할 채비를 갖추고 있을 시점에 나는 유권자들로부터 국정에서 손을 떼라는 명령을 받아야 했다."(볼프 슈나이더, 『위대한 패배자들』)[4] 그는 몇 년 후 다시 수상 자리에 올랐다. 흥미롭게도 노벨평화상이 아닌 노벨문학상도 받았다. 얼마나 곡절의 여정이었길래, 그의 마지막 유언은 이랬다. "아주 즐겁고 충분히 할 만한 가치가 있는 여정이었다. 다만 딱 한 번."

배울 수만 있다면 무슨 일이든 마다할 수 없다. 실패를 줄이고, 실패를 최소화하고, 실패를 회피할 수 있는 공부 방법이 있다면 억척스럽게 달려들어야 한다. 가장 보편적인 학습 방법이 타인의 실패 모델을 분석하는 것이다. 나와 가장 비슷한 시대, 상황, 목표, 인생을 살아가고 있는 사람을 찾아내고, 성공과 실패의 패턴을 분석해 보자.

실패 이력서를 쓰는 일은 자기 자신에게서 배우자는 뜻이다. 실패 모델을 찾자는 것은 다른 사람의 실패에서 배우자는 것이다. 사실 세상에는 성공 모델보다 실패 모델이 더 많다. 마음만 먹으면 좋은 모델을 찾아내고 그 실패에서 성공의 힌트를 찾아낼 수 있다. 성공 모델을 찾아 모델을 좇아가듯, 실패 모델을 찾아 그 실패에서 배우는 것은 우리의 특별한 학습이 될 수 있을 것이다.

14장

사회도 실패한다, 나라도 실패한다

"만약 당신이 다수에 속해 있다는 것을 깨달았다면, 변
 화할 때다."

— 마크 트웨인(작가)

천시(天時)·지리(地利)·인화(人和)

중국 고사성어에 '천시지리인화(天時地利人和)'라는 말이
있다. 자연조건, 지리적 조건, 인간관계를 말한다. 어느 하
나라도 조화를 이루지 못하면 일을 이룰 수 없다. 그런데
이 세 가지 조건은 늘 고정적인 것이 아니다. 천지운행이
변한다. 세상이 변한다. 환경도 기후도 변한다. 사람도 변
한다. 불과 1분 1초 전의 내가 지금의 내가 아니고, 역시
나 불과 1분 1초 전의 세상은 지금의 세상이 아니다. 그렇
다면, 다윈의 진화론을 떠나 사람이건 기업이건 기꺼이

변화에 적응해야 한다. 강한 자가 살아남지 않는다. 적응하는 자가 살아남는다. 통속적이지만 시대와 환경적 조건이 나를 위해 복무하지 않는다. 그 상황에 내가 적응해야 한다. 사람이건 법인이건 마찬가지다. 이토록 빠르고 변화무쌍한 시대에 시류를 제대로 읽어 내지 못하면 길을 잃게 된다. 시대를 역주행하거나 과속해도 마찬가지로 시장으로부터 소외되고 만다. 거대한 시류의 변화를 정확히 읽어 내고, 주변 조건을 정밀하게 탐색하고, 거기에 사람과 기업이 할 일을 정확히 좌표 찍는 것, 좌표를 고정시키지 않고 마치 내비게이터가 끊임없이 새로운 길을 찾아 나서듯 이동하고 수정하고 또다시 움직이는 것, 이것이 인간의 일이요, 경영자의 일이요, 기업의 일이요, 나라의 일이다. 반복하지만 실패는 사람에게만 한정되지 않는다. 법적 인격을 가진 기업도 실패한다. 함께 꿈꾸고 더불어 살아가는 사회도 마찬가지다. 나라도 마찬가지다. 인류도 마찬가지다. 모든 세상이 그렇다.

요 몇 년간 머릿속은 온통 '실패'라는 키워드가 지배하고 있었다. 2019년 가을, 종로소방서를 지나가다 정문에 내걸린 표어가 반가웠다. "준비를 실패하는 것은 실패를 준비하는 것이다." 우리 사회에서 화재는 특히 겨울에서

봄 사이가 위험하다. 화재는 개인의 실패이기도 하지만 사회의 실패다. 나라의 실패다. 이렇게 준비하고 있다니 '다행이구나.' 생각했다.

아그파, 코닥, 후지필름

어린 시절, 소풍 가는 날이면 학교 앞 사진관에서 카메라를 빌리고, 필름을 몇 통 샀다. 다녀와서는 카메라를 반납하고, 필름을 인화했다. 지금은 어떠한가. 이미 휴대전화가 카메라를 대신했고, 디지털카메라가 필름을 대신한 지는 오래전이다. 그 당시 필름 산업을 주도했던 세계적인 회사가 있었다. 독일의 아그파, 미국의 코닥, 일본의 후지필름이었다.

먼저 코닥. 코닥은 혁신의 대명사였다. 유리건판 필름이 대세이던 시절, 롤 필름을 개발했다. 컬러 필름의 첫 생산도 코닥의 몫이었다. 다음은 후지필름. 시작은 후발이었다. 영화 필름에서 시작해 특유의 기술력과 집중력으로 코닥을 따라잡았다. 아그파는 세계 최초로 엑스레

이 필름을 출시했고, 역시 최초로 자동 노출 사진기를 출시하는 등 선두 주자였다.

세상이 변했다. 세계 필름 수요가 2001년 정점을 찍은 뒤, 2003년부터 필름 산업은 전 세계적인 디지털카메라의 보급과 메모리 산업의 발전으로 내리막길로 치닫기 시작했다. 이들이 이런 변화를 몰랐을까. 아니다, 알았다. 충분히 알았다. 그렇지만 의사결정에, 기업의 변화에 심각한 장애가 있었다. 이들은 각기 다른 핑계로 필름을 고집했다.

아그파는 2005년, 코닥은 2012년에 파산신청에 들어갔다. "파산 없는 자본주의는 지옥 없는 기독교나 마찬가지다."(프랭크 보먼)라고 했다. 파산은 필요하다. 하지만 회생절차도 필요하다. 사람이건 기업이건.

코닥은 대대적인 구조조정을 감행하고 파산보호에서 벗어났다. 2020년 코닥이 미국 정부로부터 7억 6500만 달러를 지원받아 '코닥 제약'을 출범시켰다. 코로나19 대유행을 맞아 제약회사로 다시 태어난 것이다.

후지필름은 필름 회사였지만 본업은 화학기술 분야였다. 후지는 '탈(脫)필름 구조조정'을 통해 화학기술을 기반으로 의약, 화장품과 LCD TV의 필름 분야 등으로 핵심

사업을 전환했다. 필름 제조 방법과 비슷한 인공 피부 제조도 후지의 강점이다. 2021년 3월 말 기준 후지필름 매출에서 헬스케어와 미티리얼스(반도체 소재 등)가 차지하는 비중은 48.01%. 후지필름 최고경영자인 고모리 시게다카 사장이 물었다. "자동차가 없는 시대에 자동차 회사는 어떻게 살아남는가?" 역시나 질문에 해답이 있었다. 제대로 질문할 줄 알았다. 그래서 다른 두 회사보다 적응이 빨랐다. 기업 또한 선택과 적응이라는 진화의 법칙을 거스를 수 없다.

마지막으로, 아그파는 현재 영상의료기기를 주력 분야 삼아 노력 중이다.

스푸트니크 충격

『국가는 왜 실패하는가』라는 책이 있다. 대런 애쓰모글루와 제임스 A. 로빈슨의 공저다. 역사적 차원에서 '실패한 국가'와 '성공한 국가'를 찾아내고 비교했다. 성공 요인이 무엇인지, 실패 요인은 무엇인지를 탐색했다. 물론, 나라도 자연법칙처럼 '흥망성쇠(興亡盛衰)'의 과정을 밟기도 한다. 역사적 도전 앞에 제대로 응전하는 나라가 있는가 하면, 실패한 나라도 있다. 양차 대전이라는 역사적 죄책을 딛고 새롭게 일어선 독일이라는 나라도 있고, 여전히 과거사에 발목 잡혀 인접 국가의 신뢰를 획득하지 못하는 나라도 있다. 제국의 과거를 잊지 못하고, 망상에 사로잡혀 제국의 부활을 꿈꾸는 나라도 있다. 이 작은 책에서 이 모든 문제를 다룰 순 없다. 하지만 실패한 나라의, 실패한 사회의 시민은 불행하게도 실패의 길을 걸을 수밖에 없다. 때로는 실패에 대한 인식의 차원을 다양하게 가져 볼 필요가 있다.

1957년 10월, 구소련은 농구공만 한 크기의 인공위성 스푸트니크를 지구 궤도에 올려놓았다. 이른바 '스푸트니크 충격'이었다. 그해 12월, 미국도 인공위성 발사를 시도했다. 발사된 로켓은 순식간에 폭발하며 불덩이 속에서 사라졌다. 미국은 근본적인 개혁에 착수했다. 1958년 아이젠하워 행정부는 미항공우주국(NASA)을 창설했다. 과학과 수학교육을 전면적으로 개편했다. 무엇보다도 놀라운 사실은 시골 각지의 공공도서관에 대한 투자를 전면적으로 늘리기로 했다는 점이다. 과학 기술의 기본이 교육과 독서임을 깨닫고 기본으로 돌아가 출발하기로 한 것이다. 그러나 소련은 1961년 4월, 첫 우주 비행사인 유리 가가린을 태우고 궤도를 비행하는 데 성공했다. 미국은 다시 한번 충격에 빠졌다. 그해 1월 취임한 존 F. 케네디 대통령은 의회 연설에서 '1960년대가 끝나기 전에 달에 사람을 보내겠다.'고 선언했다. 미국은 구소련과의 비교를 통해 자신을 냉정하게 분석했다. 어디에서부터 실패가 비롯되었는지를 찾아냈고, 기초부터 최종 목표까지 차근차근 단계를 밟아 나갔다. 그렇게 맨 처음 달에 사람을 보냈다.

부동산 실패,
사교육 실패

2003년 5월, 일본이 소행성탐사기 '하야부사'를 쏘아 올렸다. 2005년에는 소행성 착륙에 성공했다. 그리고 7년 만인 2010년 6월, 소행성의 샘플이 들어 있는 캡슐을 오스트레일리아 사막에 착륙시킨다. 이 기술의 의미를 사토 마사루가 평가했다. "우라늄 농축 폭탄을 탑재한 탐사기를 우주에 쏘아 올려 필요한 때, 필요한 장소에 떨어뜨릴 수 있지요. 그리고 탐사기를 이용하여 각국의 위성을 떨어뜨리는 것도 가능해졌습니다. 이건 굉장한 기술입니다."(사토 마사루·가타야마 모리히데, 『일본은 어디로 향하는가』)[1] 지정학적으로 우리나라는 다양한 가능성을 안고 산다. 성공의 역사를 만들어 오기도 했지만, 때로는 나라의 실패를 맛본 적도 있다. 역사의 실패는 이 땅을 살아가는 시민들의 실패로 귀결된다. 여러 모습의 실패에 대해 관심을 가져야 하는 이유다.

실패는 여러 모습으로 나타난다. 분단과 전쟁이라는 실패, 제왕적 대통령제의 실패, 군부 쿠데타라는 헌정사적 실패, 지역주의라는 실패. 사회 차원의 실패들도 있다. 당장 어제오늘의 코로나 백신과 치료제 구입의 실패, 특히 사회적 약자나 여성, 성소수자 등에 대한 차별적 대우와 폭력이라는 실패, 신용불량자가 대표하는 금융 실패, 사회적 양극화, 빈부격차의 확대라는 경제적 실패… 하지만 당장 손에 잡히는 한국 사회의 실패가 있다. 부동산과 사교육이다. 최근 5년 동안 28번이나 발표된 부동산 정책이 대표적이다. 정책 당국은 1가구 1주택이라는 구시대적 개념에 사로잡혀 부동산이 갖는 중층적 이해와 욕망을 전혀 이해하지 못했다. 공교육의 실패는 사교육을 극성스럽게 만들었다. 2022년 3월 정부가 발표한 '2021년 초중고 사교육비 조사' 결과를 보면 사교육비 총액이 23조 4000억 원, 학생 1인 월평균 사교육비는 36만 7000원으로 역대 최고였다.[2] 그렇다면 학교는, 정부는 왜 존재하는가.

미국 레이건 행정부의 정책에 동의하는 것은 아니지만 그가 했던 말 "정부는 우리가 맞닥뜨리고 있는 문제에 대한 해답이 아니다. 아니, 정부가 바로 문제다."에 동의하고 싶을 때가 있다.

팬데믹이라는
인류의 실패

흑사병은 중세 시대를 마지막으로 사라진 전염병이 아니다. 불과 얼마 전에도 중국에서 환자가 발생했다. 폐결핵은 한국 근대 소설에나 나오는 병이 아니다. 2020년 한국의 발병률은 OECD 국가 중 1위이고, 사망률은 3위였다. 인류는 폐결핵에 대한 효과적인 백신을 개발하는 데 실패했다. 말라리아 백신 개발도 실패했다.

중세 때 흑사병이 반복되자 도시국가 베니스가 몇 가

지 정책을 고안했다. 그때도 지금처럼 외딴섬 등에 격리 시설을 만들고 그곳에 입국자들을 일정 기간 격리시켰다. 마찬가지로 각종 모임을 금지하는 등 사회적 거리 두기를 행했다. 입국 때 유전자증폭검사(PCR) 증명서를 요청받는 것처럼 입항하는 선박이나 대상(隊商)들에게 환자가 없음을 증명하는 건강증명서를 발급해 추적이 가능케 했다.[3]

1,600년 이상이 지났다. 인류는 왜 과거의 실패에서 배우지 못하는가. 인류는 코로나바이러스라는 팬데믹이 끝나고 나면 인류 차원의 실패보고서를 내놓아야 한다. 그리고 또다시 닥칠 것이 분명한 팬데믹에 대처할 수 있는 대안을 함께 수립해야 한다.

실패에 대한 분석과 학습은 이토록 다차원적이어야 한다. 때로는 역사적 차원이어야 하고, 때로는 국가적 차원이어야 한다. 개인의 차원, 사회의 차원, 나라의 차원이어야 한다. 각 개의 층위, 각자의 차원에서 분석하고, 평가하고, 학습해야 한다. 때마침 도래한 빅데이터에 대한 인간의 활용 능력은 이러한 분석과 예방의 틀을 한층 강화해 줄 것이다. 예측하고, 분석해야 한다. 예방하고, 대응해야 한다. 그럼에도 실패는 다시 찾아올 것이다. 그 실패를 복기할 수 있어야 한다. 그리고 다시 시도해야 한다. 인간의 삶이 계속되는 한, 지구에서 생명체로 살아가는 한, 이런 흐름은 끊임없이 반복되어야 한다. 이것이 2부에서 이야기하고자 한 전부다.

3부

실패를 해낸다는 것

15장

나만의 성공과 실패를 정의하라

"실패는 선생님이지, 장의사가 아니다."

— 데니스 웨이틀리(경영 컨설턴트, 인간행동학 박사)

실패에 대한 자신만의
정의를 세우자

"나는 언제나 이상하게 생각했어. 우리가 높이 평가하는 것들이, 그러니까 친절함과 관대함, 개방성, 정직함, 이해심, 공감 같은 것들이 사실은 모두 우리 사회에서는 실패의 결과물이라는 거야. 반면에 신랄함, 탐욕, 집착, 비열함, 자기중심, 사리 추구 등 우리가 혐오하는 것들은 모두 성공을 위한 특징이란 말이지. 그리고 사람들은 전자의 특성을 높이 평가하면서도, 후자의 결과물을 좋아한다는 거야."(존 스타인벡, 『통조림공장 골목』)

대체 무엇이 성공이고, 무엇이 실패일까. 인류 모두가 동의하는 성공에 대한 정의는 가능할까. 누군가는 돈과 권력과 명예를 성공이라 부른다. 하지만, 그딴 게 무슨 성공이냐며 되묻는 사람도 많다.

그렇다면 실패란 무엇일까. 성공의 반사적 모습이다. 성공을 이루지 못했을 때 실패라 부른다. 하지만 성공과 실패는 상대적이고, 기준은 언제라도 변할 수 있다. 때론 모호하기까지 하다. 그래서 제안한다. 내 삶의 성공과 실패에 대한 정의를 바로 세우자고. 스스로 세우자고.

무엇이 성공이고, 무엇이 실패인가를 세상이 정해 주는 게 아니다. 바로 내가 정한다. 모든 것이 불확실한 이 세상에서 성공에 대한 목표를 내가 세우고, 과정을 살아간다. 내가 지배하고, 내가 통제한다. 삶은 나의 것이기 때문이다.

살아가다 보면 성공과 실패는 그야말로 종이 한 장 차이다. 그럼에도 인간은 성공과 실패 사이에서 아슬아슬한 곡예를 벌이고 있다. 유한성과 시장주의가 세속을 지배하기 때문이다. 내 삶의 목표를 분명히 하자. 내가 꿈꾸는 것이 무엇인지, 내가 성취하고자 욕망하는 것이 무엇인지 그것부터 정리하자. 성공과 실패에 대한 나만의 정의를 정립하자.

앞서 설명했어야 했는데 미뤄 둔 게 있다. 실수(失手, mistake)와 실패(失敗, failure)의 차이다. 실수는 잘못을 저지른 것이다. 가치가 작거나 사소하거나 비의도적이다. 실패는 자신이 설정하고 꿈꿨던 비전을 달성하지 못했거나 예정한 성과를 이루지 못한 결과다. 포괄적이다.

성공과 실패의 상대성, 우분투 정신

남아프리카 반투족이 사용하는 '우분투(UBUNTU)'라는 단어가 있다. '우리가 함께 있기에 내가 있다.'라는 뜻의 윤리이자 정신이다. 스타 플레이들이 즐비한 미 프로농구 NBA팀에 팀 스피릿을 강조하기 위해 우분투 정신을 도입한 감독도 있다.

갓 독립한 아프리카 어느 나라가 자본주의 시스템을 도입하기 위해 미국에 원조를 요청했다. 미국이 체육 선생님을 보냈다. 경쟁이야말로 시장원리의 기본이기 때문이다. 선생님이 아이들을 모아 놓고 1등에게 선물을 주겠다며 100미터 달리기 경주를 시켰다. 어느 정도까지는 경쟁이 치열했고, 순위가 갈라지는가 싶었다. 80미터쯤 이르렀을 때였다. 앞서 달리던 아이들이 뒤를 돌아보며 속도를 조절하기 시작했다. 그러곤 뒤따라오던 아이들과 속도를 맞추고 다 함께 손을 잡고 결승선을 향해 들어왔다. 선생님이 외쳤다. "도대체 너희들 뭐 하는 거니?" 그때 아이들이 합창하듯 외쳤다. "다 함께 1등 하면 즐겁잖아요." 이것이 바로 우분투 정신이다.

특수한 사례겠지만, 우분투 정신 아래서 누가 승자고, 누가 패자일까. 누가 1등이고, 누가 꼴등일까. 성공과 실패에 대한 정의, 승자와 패자에 대한 정의가 사회에 따라서, 시대에 따라서 얼마든지 달라질 수 있다는 하나의 예화다.

강조하지만 이 책의 목적 중 하나는 성공과 실패는 절대적일 수 없다는 것. 사람에 따라, 시대에 따라 기준은 달라질 수 있다는 것. 그러니 제발 남들이 만들어 놓은 성공과 실패라는 도그마에 사로잡히지 말고 자신만의 목표와 기준을 만들자는 것이다. 그리하여 성공과 실패로부터 제발 자유로워지자는 것이다.

그러기 위해서는 내동댕이쳐야 할 두 가지가 있다. 하나는 성공에 대한 무한 긍정이다. 성공을 추구하되, 비판적 시각을 놓쳐서는 안 된다. 성공이라고 절대선이 아니다. 둘은 무분별한 비관주의다. 그저 경멸하듯 성공주의자들을 비판하거나 어설픈 논리를 변명 삼아 시도조차 하지 않는 사람들이 있다. 이 또한 위험하다. 철저한 현실주의자, 더 철저한 가능주의자가 되어야 한다.

맹목적
성공의 꿈

무엇이 사람들에게 가장 큰 스트레스를 줄까. 돈일까, 건강일까. 미국 캘리포니아대학의 샐리 디커슨 교수는 '사회 평가적 위협'이라고 말한다. 사람들이 나를 열등하다거나 실패한 사람으로 판단할지 모른다는 불안감이다. 그래서 인간은 패배한 모습은 감추고, 성공한 모습을 보여 주고 싶어 한다. 돈과 권력으로 성공을 증명하고 싶어 한다.[1] 사람들이 왜 성공을 꿈꾸는지에 대한 또 하나의 이론이다. 성공을 꿈꾸는 것은 인간으로서의 본성이다.

하지만 남의 장단에 춤춰서는 안 된다. 반복하지만 삶의 비전을 분명히 하고, 성공과 실패를 정의하라. 삶의 비전에 성공과 실패를 적용시켜라. '진실로 너 자신이 되라.'는 말처럼 남 눈치 보지 말고 자신만의 비전에 충실해라. 그런 삶을 살아야 한다. 그것이 '자유인'이다.

고대 그리스 작가 아이스킬로스의 비극 「결박당한 프로메테우스」가 있다. 연극에서 프로메테우스는 인간에게 불을 훔쳐다 준 죄로 바위에 사슬로 묶이는 벌을 받는다. 그런데 프로메테우스가 인간에게 준 선물이 하나 더 있었다. 인간에게 죽음을 내다보지 못하게 한 것이다. 이런 인간의 무지와 삶의 불확실성이 인간을 괴롭힌다. 연극에서 코러스는 "그들의 괴로움을 낫게 할 치료법이 무엇이오?"라며 합창한다. 이에 프로메테우스가 답한다. "가슴에 맹목적 희망을 단단히 심어 주었소."

성공을 꿈꾸는 것은 본성이라고 했다. 하지만 이 본성에 맹목적으로 사로잡히는 것은 위험하다. 그저 성공, 성공만을 외치거나 꿈꾸며 사는 이들이 있다. 막연한 성공의 꿈에 사로잡혀 성공이라는 맹목적 희망을 안고 산다. 그래서 자신만의 성공에 대한 정의, 실패에 대한 정의를 분명히 하자는 것이다. 그러고 나면 어떻게 살 것인가를 살피게 될 것이고, '어떻게'라는 과정을 어떤 방식으로 통제하며 살아갈 것인지에 대한 해답을 찾게 될 것이다.

빌 게이츠의 말을 되새겨 보자. "성공은 형편없는 스승이다. 똑똑한 사람들은 꾀어내어 자신은 절대 실패하지 않는다고 믿게 만든다."

성공증후군

"성공이 끝이 아니며, 실패는 치명적이지 않다." 윈스턴 처칠의 말이다. 영원한 성공이란 없다. 영원한 실패도 없다. 그리고 성공이라고 해서 결코 끝이 아니다. 그래서 '중요한 것은 멈추지 않는 용기'다.

'성공증후군(Success Syndrome)'이라는 용어가 있다. 주로 기업의 실패를 설명할 때 인용된다. 사람이건 기업이건 성공을 목표로 달려갈 땐 잔뜩 긴장한다. 하지만 성공을 이뤘다고 평가받는 순간, 긴장은 확 풀어진다. 세상 사람들은 다 아는데 나만 모른다. 조직이나 서비스가 얼마나 엉망이 되어 가고 있는지를. 그 순간 사고는 발생하고, 순식간에 성공은 실패로 전환된다. 이것이 성공증후군이다. 성공이 결코 끝이 아닌데도 사람들은 착각한다. 그래서 '실패는 성공의 어머니'가 아니라, '성공이 실패의 어머니'가 되고 만다. 성공에 도취되어 있는 사이 성공 속에는 이미 오만과 둔감함, 그리고 실패가 잉태되어 있었던 것이다.

하지만 쉽지 않다. 먼저 성공한 사람 스스로가 자기 자신에게 눈이 멀기 때문이다. 이웃들 또한 굳이 성공한 사람을 향해 불편한 메시지를 보내려 하지 않는다. 안과 밖에서 동시에 고립되고 만다. 성공에 대한 자만심이 스스로를 가두게 된다. 이는 자멸로 이어지기도 한다.

그렇다. 성공증후군에 취해 있어선 안 된다. 성공이라는 함정에 빠져 있어선 안 된다. 영원한 성공이란 없다고 했다. 그렇다면 성공을 유지하기 위해서, 더 큰 성공으로 나아가기 위해서라도 부지런히 뛰고, 또 뛰어야 한다. 그 성공을 유지하기 위해서라도 뛰어야 한다. 그 성공을 둘러싼 모든 환경이 끊임없이 변하고 있다는 사실을 인정해야 한다. 그런데도 어떤 이들은 작은 성공에 취해 이 뻔한 상식을 외면한다. 기존의 성공방정식을 계속해서 답습하고, 심지어 주변에 강요하기도 한다. 세상이 변하고 있고, 환경이 변해 가고 있고, 비즈니스 모델 자체도 하루

하루가 달라지고 있음에도 구태의연한 과거의 방식만을 끝까지 고집한다. 이런 이들을 위해 누군가가 경고를 준비했다. '사람은 성공하는 방식으로 망한다.' 세상이 변하기에, 나 또한 변해야 한다.

성공과 실패를
재정의하자

2016년 남미축구선수권대회(코파 아메리카) 결승전에서 아르헨티나는 칠레와 승부차기까지 가는 접전 끝에 2 대 4로 졌다. 승부차기에서 두 개의 실축이 있었는데, 그중 하나가 리오넬 메시였다. 충격을 받은 메시가 국가대표 은퇴를 선언하고 말았다. 그러자 아르헨티나 어느 초등학교 선생님이 메시에게 공개편지를 썼다.

"혹시 당신도 그들처럼 승리만이 최고 가치라고 생각하는가. 사람은 승리보다 패배를 통해 더욱 성장한다는 소중한 가치를 지켜 주기 바란다. 아이들이 이기는 것만이 유일한 가치라고 생각하게 하면 안 된다. … 나는 아이들에게 당신이 얼마나 축구를 잘하는지 가르치지 않았다. 아이들에게 2위는 패배한 거고 경기에서 지면 모든 명예를 잃는 거라고 가르쳐서는 안 된다. … 이길 때는 모두 같이 이긴 거고 질 때도 혼자가 아니라는 진리를 알게 해 달라. 결과와 관계없이 사랑하는 일을 하고 행복할 수 있다면, 그게 가장 위대한 우승이다."[2]

메시를 이해한다. 등이 휠 것 같은 메시의 대표성을 이해한다. 충격이었을 것이다. 그저 자기 자신의 승패 문제가 아니었을 것이다. 그래서 두려웠을 것이고, 도망치고 싶었을 것이다. 승부를 저주하고 싶었을 것이다.

선생님을 이해한다. 선생님은 결과를 가르치는 사람이 아니다. 결과보다는 과정을, 승패보다는 순간순간에 최선을 다하라고 가르쳤을 것이다. 그랬을 때 메시의 행동은 아이들에게 좋은 모델이 되지 못했을 것이고, 선생님은 선생님으로서의 실망을 담아 메시에게 편지를 보냈을 것이다.

다시 근본 문제다. 무엇이 성공이고, 무엇이 실패인가. 결과에 상관없이 최선을 다했다면, 축구를 사랑하기만 한다면 상관없는 일인가. 승패로부터 자유로울 수 있는가. 하지만 세상은 시장주의다. 경쟁주의다. 시장 만능주의다. 결과 중심적 사고방식이 세상을 지배한다. 그리고 승리와 1등이라는 획일주의적 가치가 우리 모두를 옭아매고 있다.

메시가 옳았는지 선생님이 옳았는지 판정할 수 있는 문제가 아니다. 둘 다 옳다. 상황에 따라서는 둘 다 틀렸다고 말할 수도 있다. 그것이 성공과 실패에 대한 철학적 사유다. 그래서 자꾸만 묻자고 제안한다. 우리에게 성공이란 무엇이고 어떤 의미를 갖는 것인지. 성찰적 의무를 견지해야 한다. 물어야 한다. 지극히 겸손한 태도로.

16장

기억하라

"실패는 내 삶에서 불필요한 것들을 제거해 주었다. 나는 스스로 속이는 것을 그만두고 내 모든 에너지를 가장 중요한 일에 쏟기 시작했다."

— J. K. 롤링(소설가)

실패 참회록

나쁜 기억들을 호출한다는 것, 최악의 경험들, 최악의 실패들을 떠올린다는 건 참으로 괴로운 일이다. 실패라는 이름으로 책을 쓴다는 것은 그동안 잠들어 있던 나의 수많은 실패의 경험들을 다시 떠올리는 일이었다. 한없이 부끄럽고, 괴롭기에 결코 활자로 옮길 수 없는 이런저런 나쁜 실패, 아픈 실패들이 있다. 사실 실패투성이의 인생이다. 순간순간, 관계되는 부분을 쓸 때마다 어쩌면 놀랍게도 잊고 살았던, 애써 억눌러 놓았던 혹은 덮어 두었던 실패의 고통과 기억들이 떠오르곤 했다. 불편하기도 했고, 이 나이가 되었음에도 괴롭기도 했다. 그러면서 무슨 실패에 대한 해결책을 제공할 수 있겠느냐고 자책하기도 했다. 그럼에도 실패를 기억한다는 것, 실패를 다시 떠올린다는 것은 나름의 가치와 의미를 찾아가는 일이었다.

사실 이 책 사이사이에는 결코 활자로 옮기지 못한 나의 수많은 실패의 경험들이 구석구석 박혀 있다. 여전히 감추고 싶은 실패들이라 차마 글로 옮기지 못했다. 여전히 도덕적으로나 양심의 측면에서 부끄러운 실패들이다. 그래서 이 책은 어쩌면 나의 실패에 대한 부끄러운 고백록이다. 여전히 정직하지 못한 고백록이다. 그래서 이 책은 한 권의 참회록이다. 다시 실패를 들춰내고, 나만의 방식으로 회고하고, 반성하고, 다시는 되풀이하지 않겠다고 다짐하는 참회의 과정이다.

어떤 실패들은 온전히 나 혼자만의 실패가 아니었다. 누군가에게는 피해를 주거나, 나로 인해 집단의 실패를 초래한 적도 있었다. 그런 실패를 두고도 제대로 치유하지도 않은 채 나는 그저 괜찮은 척, 내 탓이 아닌 척 살아가고 있다. 한없이 부끄럽고, 미안한 일임에도 여전히 용기를 내지 못한다. 그럼에도 자그마한 힘을 내어 실패를 이야기하고, 스스로의 실패를 점검할 기회를 갖게 된 것은 고마운 일이다. 이런 경험들을 말로 혹은 글로 혹은 마음으로 나누는 일이 때론 힘들기도 하지만 그래도 나의 실패를 공론의 장에서 함께 이야기할 수 있다는 건 감사한 일이다. 스스로에게도.

실패를 기억해야 할
세 가지 이유

"'곧 죽는다.'는 생각은 인생에서 결단을 내릴 때마다 가장 중요한 도구였다. 외부의 기대, 자부심, 수치심, 실패의 두려움은 죽음 앞에서 모두 떨어져 나가고 오로지 진실로 중요한 것만 남기 때문이다."[1]

스티브 잡스의 스탠퍼드대학 졸업식 연설이다. 죽음에 비유하고 나면 모든 사소한 것들은 사라지고 만다. 성공도, 실패도 마찬가지다. 내 의식이 이 세속적 삶의 성공과 실패를 죽음 이후에까지 가져갈 수는 없을 것이기에.

'실패를 잊으라.'고 해 놓곤 다시 '실패를 기억하라.'고 한다. 이 얼마나 모순인가. 그럼에도 실패를 기억해야 한다.

실패를 잊으라는 것은 실패에 대한 집착에서 벗어나라는 의미다. 그리고 실패가 주는 과도한 고통에서 제발 자유로워지라는 의미다. 실패를 기억하라는 의미는 이렇다.

첫째, 실패를 망각할 수도 없고, 망각해서도 안 된다. 실패를 기억하는 자만이 실패로부터 배울 수 있고, 실패로부터 자유로워질 수 있다. 실패의 기억조차 내가 제어할 수 있어야 한다.

둘째, 성공도 나의 것이지만, 실패도 나의 것이다. 아델베르트 폰 샤미소의 소설 『그림자를 판 사나이』가 있다. 주인공이 악마에게 자신의 그림자를 팔고 무엇이든지 할 수 있는 선물을 받는다. 하지만 그림자가 인간에게 얼마나 중요한지를 뒤늦게 깨닫게 된다. 돈이 아무리 많아도 그림자가 없다는 것을 사람들이 알아차리는 순간 이상하다며 다들 주인공을 멀리한다. 그때쯤 악마가 나타나 다시 새로운 제안을 한다. 그림자를 돌려줄 테니 죽은 뒤의 영혼을 자기에게 팔라는 것. 고민 끝에 주인공은 이 제안을 거절하는 것으로 소설은 끝이 난다. 어쩌면 실패의 의미가 바로 그림자의 의미와 비슷할 것이다. 실패 없는 삶이란 있을 수 없다. 햇볕이 강할수록 그림자는 진한 법이다. 실패가 있었기에 성공이 있다. 그래서 실패를 기억한다는 것은 곧 성공을 기억하는 일이요, 실패의 가치를 존중하는 일이다.

셋째, 실패의 기억과 두려움이야말로 성공의 지양분이다. 지난 실패가 주는 참담함 그리고 이웃의 실패에서 느끼는 고통과 연민이야말로 성공에 대한 절실함으로 이어질 수 있다.

실패를 기억할지,
과정을 기억할지

전 서울대 총장이자 현 울산대 총장인 오연천은 회고록에서 스스로 묻고 답했다. '어떻게 70세까지 교직에 몸담고 있는가?' '10대 때부터 실패의 교훈을 간직하고 있기 때문이다.' 첫째, 중학교 입시 실패. 둘째, 행정고시 도전 세 번 실패. 셋째, 대학교수 임용 두 번 실패. 오 총장은 거듭된 실패를 겪으며 "실패로 인해 결코 좌절해서는 안 되고, 좌절할 일도 아니다."라는 것을 체득했다고 한다.[2]

한 번 혹은 거듭된 실패에 좌절하는 이들이 있다. 실패의 망령에 사로잡혀 도무지 다시 일어서지 못하는 이들도 있다. 이들에게 실패는 영원한 실패일 뿐이다. 반대로 실패를 기억하고 실패를 거울삼는 이들이 있다. 또다시 그 상황이 되면 실패를 반복하지 않으리라 다짐한다. 이들에게 이전의 실패는 실패가 아니다. 과정일 뿐이다. 성공했다고 평가받는 사람들의 책들을 쭉 읽다 보니 흥미로운 특징이 하나 있었다. '어! 이거 명백한 실패잖아.' 그런데 그들은 반대였다. 실패를 실패로 인정하지 않는 것이었다. 그저 하나의 과정, 겪어야 할 필수코스 정도로 생각했다. 부연하자면 그들은 실패를 기억하지 않는다. 과정을 기억한다. 시행착오를 기억한다. 그래서 좀 더 쉽게 극복하고, 앞으로 나아갈 수 있었다.

실패를 실패로 기억하는 것은 중요하다. 객관적이고, 냉정하게 평가하고 기억할 수 있다면 말이다. 하지만 실패의 기억 속에서 허우적거려서는 안 된다. 과감하게 떨치고 일어나야 한다. 실패를 실패로 기억하지 않아도 괜찮다. 이는 성공한 사람들의 특징이기도 했다. 그들은 실패조차도 실패로 규정하지 않고, 과정이나 긍정적인 차원의 시행착오로 받아들였다. 그래서 실패의 함정에 빠지지 않고, 극복할 수 있었다. 요즘 표현으로 '멘탈'이라 표현할 수도 있겠다. 그리고 사람의 기억 또한 대단히 선별적이라는 것도 인정한다. 그럼에도 '실패한 인간'이라면, 좀 더 자기중심적이고 자기주도적이어야 한다. 그런 힘이 필요하다.

제프 베이조스의
'데이원'

실패를 기억해야 한다. 과정을 기억할 수도 있다. 성공의 기억을 호출하는 것도 중요하다. 이를테면 선수가 슬럼프에 빠졌을 때 코칭스태프들은 가장 좋았던 시절의 폼을 떠올리게 하며 회복을 돕는다. 이런 기억만큼이나 되새겨야 할 기억이 있다. '초발심(初發心)'이다. 성공과 실패로 갈라지기 전 그 '첫 마음' 말이다.

아마존 창업자 제프 베이조스가 2021년 최고경영자 자리를 내려놓았다. 몇 해 전, 베이조스는 노숙인, 저소득층을 지원하는 자선재단 '베이조스 데이원(Day1) 펀드'를 출범시켰다. 데이원이라는 이름은 어디서 유래했을까.

베이조스는 1997년 이래 매년 주주들에게 공개편지를 보낸다. 편지 자체가 그해 비즈니스계의 중요한 화두가 된다. 2016년 편지에서 데이투(Day2)를 규정했다. "(데이투는) 정체 상태다. 서서히 퇴보하다가 매우 괴롭고 고통스러운 절망으로 이어지고 마침내 죽음에 이르게 된다. 그래서 우리는 항상 데이원이다." 그래서 데이원은 창조다. 모험이다. 베이조스는 초발심을 잊지 않기 위해 매년 보내는 편지의 끝에 1997년에 보냈던 첫 공개편지를 첨부한다. "항상 그랬듯이 1997년 베조스 편지를 첨부합니다. 언제나 첫날의 마음가짐을 잊지 않겠습니다." 차고에서 창업하던 그 첫날이 바로 데이원이다. 처음 시작할 때의 그 열정과 순수했던 모험정신이 오늘의 아마존 기업문화를 이끌어 간다.[3]

흥미롭게도 중국의 IT기업 '틱톡'의 모회사인 바이트댄스도 데이원을 강조한다. 바이트댄스는 회사의 핵심가치와 행동기준을 여섯 개로 정리해 '바이트스타일'이라는 이름으로 공유한다. 그중 하나가 '언제나 처음처럼.(Always Day1)' 바이트댄스의 내부자료에 따르면 "경계를 넘어서라. 그리고 회복탄력성을 가져라. 변화를 기회로 삼고 변화 속에서 살아가라. 늘 첫날처럼 생각하라."다.

성공과 실패 이전에 시작이 있다. 성공과 실패를 기억하는 것 못지않게 그 시작의 순간과 열정을 기억하라. 그 기억이 당신의 무딘 열정과 매너리즘을 벗겨 내고 당신을 다시금 찬란하게 빛내 줄지도 모른다.

정직하게 기억하고
냉정하게 평가하라

타조 입장에선 '타조 증후군(Ostrich Syndrome)'이라는 말처럼 억울한 단어가 없다. 타조가 모래 속에 머리를 처박는 데는 다 이유가 있었다. 먼저, 체온 조절이다. 다음으로는 미세한 진동과 소리를 체감하기 위해서다. 그런데 이런 본성에서 나쁜 습관이 생겨났다. 사냥꾼을 맞닥뜨리면 머리를 파묻는 경우가 있었던 것이다. 이에 학자들이 비유를 만들어 냈다. 어려운 상황을 만나면 맞서지 않고 회피하거나 부정하려 드는 사람들이 있는데 이를 두고 '타조 증후군'이라 이름 붙였다. 누군가 덧붙였다. "모래 속에 머리를 처박았을 때 한 가지 분명한 사실은 엉덩이를 걷어차인다는 것이다." 위험한 일을 회피하려 드는 것, 부끄러운 일로부터 도망치고 싶은 것, 수치스러운 경험을 만났을 때 숨고 싶은 것은 어쩌면 인간의 본성이다.

타조뿐만이 아닌 나와 같은 인간의 본성이다.

강조하지만, 실패나 좌절로부터 도망치고 싶은 건 인간의 본성이다. 제발 '나만 그래.' 하며 자책하지 말자. 인간은 거의 비슷하다. 우리 모두가 생물학적 진화를 거쳐 오늘에 이르렀기에 그렇게 살아왔고, 그렇게 살아간다. 나도 그렇고, 당신도 그렇다. 실패로부터 도망치고 싶고, 변명하고 싶어 한다. 어떻게 진술거부권이 헌법상 권리가될 수 있었겠는가. 인간의 본성임을 인정하기 때문이다. 영미법계에서는 탈옥을 처벌한다. 하지만 대륙법계에서는 탈옥을 처벌하지 않는다. 왜 그럴까. 구금과 속박으로부터의 자유는 인간의 본성이기 때문이다.

인간의 한계, 인간의 본질을 인정하자. 인간은 '실패하는 동물'이라는 사실을 받아들이자. 우리 모두는 실패를 힘들어하고 고통스러워한다는 사실 역시 인정하자. 이렇게 인정하고 난 다음 편안하게 출발하면 된다.

자신이 가지고 있는 자산과 능력에 대한 평가, 자신을 둘러싼 환경과 조건에 대한 평가, 내가 동원할 수 있는 자원에 대한 평가, 할 수 있는 일과 할 수 없는 일에 대한 분명한 구분, 자기 비하도 오만도 아닌 자신에 대한 정직한 측량들이다. 이것이 새 출발을 가능케 한다.

17장

당장 그곳을 떠나라

"길을 잃어라, 강제된 실수와 적당한 불안이 최고의 안내
원이다."

— 안드레 애치먼(작가)

시간과 공간을
이해하라

우리도 한번 해 봤으면 하는 조사가 있다. 어느 나라에서
저녁 메인 뉴스 시간 앵커들의 원고 읽는 속도를 몇십 년
전과 비교한 조사다. 느려졌을까, 빨라졌을까. 1분간 발
음한 단어 수가 훨씬 늘고 있다. 우리도 그럴 것이다. 그야
말로 세상은 빛의 속도를 닮아 간다. 세상의 변화를 따라
가기가 버겁다. 제자리에 가만히 있는 것은 제자리에 있
는 것이 아니다.

인간은 시간과 공간 속에 살아간다. 그래서 시간과 공간이 삶의 좌표를 구성한다. 시간과 속도에 잘 적응하고, 중력의 법칙으로부터 자유로이 유목민적인 삶을 살아가는 것이야말로 세상을 살아가는 기본에 해당할 것이다.

"계속 뛰는데 왜 나무에서 벗어나지 못하나요?" 앨리스가 헐떡거리며 뛰고 있는 붉은 여왕에게 물었다. "여기선 힘껏 달려 봐야 제자리야. 나무에서 벗어나려면 지금보다 두 배는 더 빨리 뛰어야 해." 영국의 수학자이자 동화작가인 루이스 캐럴의 소설 『거울 나라의 앨리스』에 나오는 붉은 여왕의 이야기다.

세상의 시간을 잘 읽어야 한다. 세상의 속도를 잘 느껴야 한다. 시대의 흐름을 놓쳐서는 안 된다. 시간과 속도와 시대의 변화가 성공과 실패를 가르기 때문이다. 유사한 비즈니스계의 격언이 있다. "아프리카 정글에서는 덩치 큰 놈이 덩치 작은 놈을 잡아먹는 게 아니다. 빠른 놈이 느린 놈을 잡아먹는다." 공간에 대한 개념 또한 마찬가지다. 지금은 장기간 정착이 필수인 농경 시대가 아니다. 유목민적 삶이 시대를 지배한다. 뻔한 소리지만, 우리는 노동의 종말 시대, AI 시대를 살아갈 예정이다. 이런 시공간을 읽지 못하면 실패할 수밖에 없다. 나아가 세상 모두는 이런 흐름에 따라 움직이는데 나 혼자만 가만히 있으면 이는 뒷걸음질이다. 세상의 속도에 맞추지 못하면 이 또한 넘어지게 된다. 딴생각하다 헬스클럽 트레드밀의 속도에 맞추지 못하고 넘어지는 사람들이 종종 있다. 세상이 그렇다. 시간과 공간에 대한 이해와 독해야말로 성공과 실패를 가르는 요소다.

떠나야 할
역사적 이유

스스로를 낯선 곳에 서게 해야 한다. 익숙한 것과 이별할 줄 알아야 한다. 떠날 줄 알아야 한다. 떠난다는 것은 익숙함과의 이별을 의미한다. 낯설고 불편한 것과의 새로운 만남을 의미한다. 시작이란 늘 그러한 것이다.

시쳇말로 '시골' 출신, '지방' 출신이라 그런 것일까. 유학과 도시화와 이민의 힘에 대해서 강렬한 의미와 느낌을 부여받는다. 세계사적으로도 그러하다고 믿고 있다. 강연 자리에서 도시화와 이민이 갖는 역사적 의미를 이야기한 적도 많다. 그런 맥락에서 이민에 대해 가장 보수적인 한국과 일본 사회에 대해 다른 이들보다는 좀 더 비판적인 시각을 갖고 있기도 하다.

도시화와 이민은 봉건제도, 신분제도로부터의 결별이었다. 자유로운 시민으로 태어나는 과정이었다. 한국 사회는 6·25 전쟁이라는 비극과 박정희 대통령의 근대화 과정을 통해 이런 과정들이 훨씬 재촉됐다. 토지제도의 개혁, 이산(離散)이라는 특별한 역사적 경험, 도시화의 과정이 한국 사회의 근대화를 급속하게 촉진시켰다. 노동력을 동원할 수 있었다. 그래서 자본축적이 가능했다. 이산과 도시화를 통해 '쟤는 누구네 집 아들이야.' '저 집안은 그런 일을 했어.' '아 저 집, 소작농이었지.'라는 신분제 혹은 과거로부터 결별할 수 있었다. 도시는 평등한 만남이었고 기회의 장이었다. 자유로운 시민들이 모여 시장주의를 촉진했다. 이것을 확장한 것이 바로 이민이다. 그리고 대표적인 모델이 '아메리칸드림'이었다.

인간이 과거로부터 결별하여 신분제나 봉건제로부터 자유로울 수 있었고, 가족제도와 가문으로부터도 독립할 수 있었다. 평등한 개인으로서의 시민의 삶이 시작될 수 있었다. 그것이 유학과 도시화와 이민이 주는 힘이다. 나는 그 힘이 계속해서 재해석되고, 재생산되기를 기대한다. 그래서 믿고 떠나야 한다. 역사적 경험을 받아들여야 한다.

돌이키자면 어느 호기심 많은 원시 인류가 나무에서 내려오는 데서 인류가 탄생했다. 어느 용기 있는 현생 인류가 아프리카 사바나 지역을 떠나면서부터 세상은 시작됐다. 인간은 떠날 줄 알았기에 이 땅의 지배종이 될 수 있었다.

영웅의 길을 가라

세계적인 비교신화학자 조지프 캠벨을 모르는 이는 없을 것이다. 그는 어린 시절 미국 자연사박물관에서 토템 기둥을 보고 난 후 평생의 주제로 신화를 선택했다. 신화 중 가장 대표적인 게 영웅 신화다. 캠벨이 전 세계의 영웅 신화를 비교해서 연구했더니 일정한 패턴을 찾을 수 있었다. 그는 이를 '영웅의 여정'이라 부른다.

1단계다. 영웅은 신의 소명에 가까운 부름을 받고 기꺼이 미지의 세계로 출발한다. 서양에서는 대체적으로 나

뻔 용을 물리치러 간다. 2단계다. 여정에는 수많은 시련과 역경이 기다린다. 위기에 빠지기도 하고, 여러 실패를 거치게 된다. 결국은 용을 물리치게 된다. 3단계. 영웅은 임무를 완수한 다음 영광스러운 귀향길에 오른다. 진정한 영웅으로서의 탄생이다.

따지고 보면 이는 영웅 이야기가 아니다. 사람 이야기다. 신화는 사람들이 만들어 낸 바람의 소산이다. 꿈꾸는 것들의 상징이다. 영웅의 이야기가 사람의 이야기다. 우리는 누군가를 두고 '성공 신화를 썼다.'고 표현하곤 한다. '우리 시대의 영웅'이라는 묘사도 즐겨 사용한다. 물론 영웅은 신화 속에 살고, 사람은 역사 속에 산다. 하지만 우리 시대의 역사를 쓰는 주체는 바로 당신이어야 한다. 영웅은 길을 떠난다. 사람도 길을 떠나야 한다. 떠난다는 것은 새가 알에서 깨어나는 일이다. 나비가 날기 위해 탈바꿈을 하는 일이다. 스스로 만들어 놓은 고정관념과 틀에서 벗어나는 일이다. 더 큰 자유를 꿈꾸는 일이다. 기회를 찾아 나서는 일이다. 오기를 기다리는 것이 아니라 내가 기회를 쫓아가는 것이다.

이슬람교 창시자인 마호메트의 이야기다. 마호메트가 깨달음을 얻었다길래 사람들이 시험하려 들었다. "당신이 진정 깨달았다면, 저 모래 언덕을 이쪽으로 옮겨 보시오." 마호메트가 나섰다. "언덕이여, 이쪽으로 오라." 모래 언덕은 꿈쩍하지 않았다. 사람들이 수군거렸다. 그러자 마호메트가 벌떡 일어나 걸었다. "모래 언덕이 이쪽으로 오지 않는다면, 내가 그쪽으로 가면 되지." 설화겠지만, 이럴 수 있어야 한다. 그래야 영웅이 될 수 있다.

캐나다 원주민
슈쉬왑족의 이주

실수할까 두렵다. 그래서 경계하고 조심하지만 시쳇말로 '라떼'나 '꼰대'적 사고가 나도 모르게 불쑥 튀어나올까 두렵다. 세대 차이는 늘 있어 왔고, 역사적으로 볼 때 나이 든 사람들의 눈에 다음 세대들의 삶은 늘 조마조마해 보였다. 방법은 두 가지였다. 하나는 독립시켜 자유와 책임을 강화시키는 것. 둘은 철저히 보호하는 것.

'박탈당한 실패(Failure Deprived)'라는 용어가 있다. 모든 면에서 뛰어나 보이지만, 막상 문제 해결 능력은 떨어지는 아이들을 지칭하는 용어다. 더 직설적으로 표현하는 사람들도 있다. '어른들이 아이들로부터 실패할 권리를 박탈시켰다.'고. 사실 나도 그런 측면이 많이 있다. 때론 딸바보라는 단어에 즐거워한다. 흔히들 서양 언론에서 표현하듯 사커 맘(soccer mom), 사커 대디(soccer daddy)들이 그렇고 헬리콥터 맘, 헬리콥터 대디들이 그렇다. 나도 그럴지 모른다. 아이들의 천부적 권리인 실패할 자유, 실패할 권리를 빼앗아 버렸을 때 과연 그 책임은 누가 져야 하는가.

캐나다 톰슨강 부근에는 지금도 원주민 '슈쉬왑(Shushwap)' 부족이 살고 있다. 그곳은 부족들이 살아가기에 충분히 풍요로운 곳이었다. 사냥감도, 연어도 넘쳐났고, 들판에는 베리류가 풍성했다. 다른 부족들에 비해 훨씬 지속 가능한 삶이 가능한 동네였다. 특별한 불만 없이 부족이 삶을 꾸리기에는 충분했다. 그리고 만족했다. 하지만 지혜로운 부족 원로들의 생각은 달랐다. 모든 것이 풍족해 부족 젊은이들이 자칫 모험과 도전정신을 잃어버리거나, 낯선 환경에 대한 적응능력이 떨어져 가는 것이 염려됐다. 어느 날 부족 원로들이 회의를 열었다. 그리고 결단했다. 떠나기로 했다. 익숙한 이곳으로부터 새로운 터전으로 부족이 이주하기로 했다. 이주기는 30년이었다. 이들은 한 세대인 30년을 주기로 과감하게 기존의 삶의 터전을 버리고 낯설고 새로운 곳으로 이주했다. 자칫 후손들이 안일함과 매너리즘에 빠질까 염려해서였다.

떠나야 하고
떠나보내야 한다

때로는 스스로 떠나야 하고, 때로는 억지로 떠나보내야 한다. 신라 때 최치원 선생은 장삿배를 타고 바다를 건너 당나라로 유학을 떠났다. 떠날 때 그의 아버지는 "네가 10년 공부하여 진사에 급제하지 못하면 나의 아들이라 하지 마라. 나도 아들을 두었다 하지 않을 터이니 가서 부지런히 공부하거라. 게으름 피우지 말고 힘을 다하라."고 했다. 그때가 열두 살이었다.

시골에서 중학교를 마치고 대도시로 진학하게 됐다. 지금은 세상을 떠나셨지만, 결코 잊지 못하는 아버지의 모습이 있다. 쌀과 반찬을 가지러 한 달에 한 번씩 고향 집에 다녀올 때면 몸이 불편하신 아버지께서는 가까스로 문기둥을 붙잡고 고개를 내밀어 배웅하곤 하셨다. 가장 그립기도 하고 지금도 생생한 아버지의 모습이다.

정치를 그만둘 때쯤 아이들을 유학 보내게 됐다. 이제 갓 사춘기에 접어드는 아이들을 미국 땅에 두고 되돌아올 때 택시 백미러에 비치던 아이의 손 흔드는 모습, 그리고 돌아오는 비행기에 오르기 직전 탑승 게이트 앞에서 통화했을 때 기숙사에서 첫 밤을 보내야 하는 아이의 목소리를 듣고 서둘러 전화를 끊어야 했던 그 느낌, 여전히 생생하다.

언제 떠나야 하고, 언제 떠나보내야 하는지 정답도 없고, 지금도 잘해 왔는지 혹은 잘할 수 있을지에 대한 자신도 전혀 없다.

네안데르탈인과 비교했을 때 호모사피엔스의 중요한 장점 중 하나는 길을 찾는 능력이라고 했다. 길이 끊어진 곳에 새로운 길이 시작된다. 처음부터 길이란 없었다. 자꾸 다니다 보면 비로소 길이 되고, 사람들이 드나들게 된다. 꿈도 그러하다. 꿈이 현실이 되고 나면 더 이상 꿈이 아니다. 그때는 새로운 꿈을 꿔야 하고, 다시 새로운 채비를 갖춰 새롭게 출발해야 한다.

"유토피아가 없는 세계 지도는 쳐다볼 가치조차 없다. 인류가 늘 착륙하고자 하는 바로 그 나라가 없기 때문이다. 그리고 인류는 일단 그곳에 착륙하면 주위를 둘러보고, 더 나은 나라를 발견하면 그곳을 향해 다시 출항할 것이다."(오스카 와일드, 『사회주의에서 인간의 영혼』)

꿈이 있다면 떠나야 한다. 이것은 인간의 숙명이자 본능이다. 실패를 무릅쓰고 위험을 감수하는 것이야말로 실패로부터 도주할 수 있는 첩경이다.

18장

패자부활의 문화를 만들자

"우리에게 있어서 가장 명예로운 것은 절대 넘어지지 않는 것이 아니라, 넘어질 때마다 다시 일어나는 것이다."

— 랄프 왈도 에머슨(시인)

오징어 게임의
사회

드라마 「오징어 게임」은 한국 사회의 사회·경제적 상황을 묘사한 최적의 텍스트다. 미국 외교관들이 드라마에서 우리 사회의 시대정신을 읽어 내고 이를 전문에 담아 보고했다. 외교 전문지 포린 폴리시(FP)가 전문을 입수해 보도했다. 그들은 한국을 "고도로 계층화된 국가"로 인식하면서 오징어 게임의 호소력이 한국의 "승자독식 사회"와 "계급 불평등"에 대한 묘사에 있다고 평가했다. 그러면서

"이 드라마의 어두운 이야기의 중심에는 평범한 한국인들, 특히 취업과 결혼, 또는 계층 상승을 위해 고군분투하는 한국 젊은이들이 느끼는 좌절감이 있는데, 이는 암울한 경제 전망이 한국 사회 고민의 중심에 있다는 것을 입증한다."고 보고했다.[1]

오징어 게임에 참가한 456명의 출연진은 우리 사회의 온갖 절망과 좌절을 반영한다. 아무리 노력해도 결코 되살아날 수 없는 지옥으로의 추락이다. 드라마는 그저 드라마일 뿐일까. 그렇다면 어떻게 해서 모두에게 그토록 진한 공감을 끌어낼 수 있었을까. 시청자들은 456명의 출연진 누군가에게 자기 자신을 투사하며 생존게임에 참여한다. 그 공감과 연민의 힘은 바로 우리 사회에서 패배하고 있는 우리 자신에게서 비롯된다.

우리 사회에서 실패는 자유가 아니다. 권리도 아니다. 그저 죽음이요, 지옥이다. 실패에서 되살아날 자유란 없다. 패배에서 되돌아올 권리도 없다. 학업, 취업, 부동산에 이르기까지 한번 실패는 영원한 실패일 뿐이다. 부활이란 그저 경전 속의 말씀일 뿐이다.

「오징어 게임」을 통해 세계 속에 자신을 다시 알린 배우 오영수 선생이 애써 사회를 위로했다. "우리 사회는 1등 아니면 안 되는 것처럼 흘러갈 때가 있는데, 가만히 생각해 보면 2등은 3등에게는 승자입니다. 그러니 모두가 승자입니다. 진정한 승자는 하고 싶은 일에 최선을 다해서 어떤 경지에 다다르려고 하는 사람이죠. 그런 사람이 승자라고 생각하고 그렇게 살면 좋지 않을까 합니다."[2]

위로가 문화가 되어야 한다. 패자부활의 문화, 패자부활의 전통을 만들어야 하고 부활시켜야 한다.

죽은 사람들의
사회

우리 사회에서 실패한 사람은 사기꾼이다. 아니면 도둑놈이다. 우리 사회의 어법 중에 가장 잘못 사용되고 있는 동사가 '다르다'와 '틀리다'다. 대부분 사람이 '다르다'를 '틀리다'라고 말한다. 나는 이것이 단순한 착오라고 생각하지 않는다. 분명 우리 사회의 일정한 어떤 문화를 반영하고 있다고 생각한다.

오랫동안 우리 사회에서 나와 다른 것은 다른 것이 아니라 틀린 것이었다. 민주주의의 기초인 다양성을 결코 용인해 오지 못했다. 식민지배와 군부독재에서 비롯된 반공주의, 선악이원론, 획일주의 문화, 가부장제 질서 그리고 폭력성에 길들다 보니 다르다는 것은 위험하다는 의미였다. 극단적인 반공 국가, 폭력 국가, 독재 국가에서 다르다는 것은 체제에 대한 도발이었다. 때때로 가혹하게 국가폭력이 자행됐다.

다른 것을 틀렸다고 규정하고 나니 관용의 정신이 이 땅에서 소멸하게 됐다. 관용의 정신이 사라진 곳에 실패한 사람에 대한, 실패한 기업에 대한 관용과 연대의 정신이 자리할 수 있겠는가. 나라도 살아남기 위해 일체의 동정도 허락되지 않았다. 아무도 패자에게 손을 내밀 수 없었다. 극단적인 시장주의가 결합하면서 이것이 시장주의요, 공정한 경쟁이라고 착각하면서 우리 사회에서 패자부활의 전통은 영영 사라지고 말았다. 우리 현대사의 극단적인 비극이었다.

한 번으로 끝이라면 주저할 수밖에 없다. 두려워하는 게 당연하다. 어느 누가 시도하겠는가. 어느 누가 모험에 나서겠는가. 어느 누가 벤처를 창업하겠는가. 창업과 혁신의 전통은 실리콘밸리의 것이고, 우리는 부모에게서 돈과 권력을 물려받은 이들이나 또 다른 형식의 봉건제의 유산을 상속받을 수 있는 사람들만이 살아갈 수 있는 사회가 되고 말았다. 이것은 살아 있는 사회가 아니다. 죽은 사회다. 죽은 사람들의 사회다. 이런 사회에서 MZ세대에게 '왜 당신들은 도전하지 않느냐.'며 채근할 수 있을까. 어떠한 사회문화적, 제도적 기반도 마련해 주지 않고 도전으로 내쫓은 다음 만일 실패할 경우 '그래 네 책임이야.' 이럴 거면서 어떻게 MZ세대에게 도전을 채근할 수 있을까.

이스라엘의
'후츠파 정신'

이스라엘에는 '연쇄 창업가(Serial Entrepreneur)'라는 단어가 있다. 두 가지 의미가 있다. 하나는 창업에 실패하고 다시 창업에 도전하여 패자부활에 성공한 창업가. 둘은 창업에 성공한 다음 대기업에 매각하고 또다시 벤처의 길로 뛰어드는 창업가. 어떤 의미건 이는 창업의 생태계가 살아 있다는 증거다.

하지만 우리는 첫 번째 의미에 주목한다. 실패한 사람

보다는 성공한 사람을 반기는 것이 인지상정일 게다. 이스라엘도 당연히 그렇다. 다만 이스라엘은 성공한 사람만큼이나 실패한 사람을 존중하고, 인간적으로 예우한다. 성공이 실패되고, 실패가 성공된다는 당연한 믿음에 근거한다. 실패는 낙인이 아니다. 소중한 경험이다.

이스라엘에는 그런 걸 가능케 하는 사회문화가 있다. '후츠파(Chutzpah) 정신'이다. 뻔뻔함이다. '내가 어때서, 다음번에 잘하면 되지. 그래 나는 다시 할 거야.' 이런 정신이다. 이런 사회문화적 기반이 패자를 뒷받침한다. 그래서 패자부활의 문화가 존재하고, 패자부활의 전통이 살아 숨쉰다.

이 정도로는 부족하다. 문화는 제도적으로 뒷받침되어야 한다. 정부의 체계적인 창업 시스템이 이스라엘을 벤처 대국으로 만들었다. 한국의 연구개발(R&D)은 그냥 R&D로 끝나는 경우가 많다. 연구를 위한 연구다. 하지만 이스라엘은 실용화를 전제로 하는 R&D가 많다. 책임질 일이 적기 때문이다. 단순한 비즈니스 모델(BM) 창업보다는 R&D 기반의 창업을 존중하는 것도 이런 문화에 기반한다.

마그네톤(MAGNETON)이라는 국가 지원정책도 있다. 상용화 가능성이 있는 연구 비용의 66%를 정부가 보조하고 실패해도 당연히 한 푼도 돌려받지 않는 제도다. 더 있다. 실패한 창업자가 재도전할 경우 이스라엘 정부는 첫 창업 때보다 20%나 더 많은 지원을 해 주는 정책까지 있다. 왜냐고? 이번에는 성공 가능성이 더 높기 때문이다. 이렇듯, 이스라엘은 전 사회적으로 실패를 응원하고, 실패에 대한 책임으로부터 인간을 자유롭게 만들었다. 패자부활의 전통을 구축했다. 인간의 상상력과 창조력은 자유로움에서 출발한다.

문제는
총체적 결단이다

이스라엘에 후츠파 정신이 있다면 인도에는 주가드 (Jugaad) 정신이 있다. 벤처 정신이다. 주가드는 힌두어인데 '그 자리를 어떻게든 모면한다.' 혹은 '절대 포기하지 않는다.'는 의미다. 이런 뻔뻔함과 끈끈함이 인도의 벤처 문화다.

사실 우리에게도 벤처 정신은 충만하다. 하지만 개인

의 정신력 차원에 그쳐서는 안 된다. 국가대표 축구 경기에서 정신력만을 강요하던 시절이 있었다. 문제는 시스템이다. 제도요, 문화다. 2002년 월드컵에서 국가대표팀 감독을 맡았던 거스 히딩크 감독이 일깨워 줬던, 바로 그런 훈련 방식과 준비 태세와 문화 말이다.

2010년 8·15 경축사에서 당시 이명박 대통령이 패자부활의 문화를 강조한 적이 있다. "패자에게 기회가 주어지고, 넘어진 사람은 다시 일어서"는, 그리하여 "영원한 패자도 없고, 영원한 승자도 없는" 사회를 만들겠다고 했다. 과연 그 결과는 어떻게 되었나.

참고할 만한 법제가 있다. 2008년 제정된 유럽연합의 중소기업 진흥에 관한 내용을 담은 '중소기업법(SBA, Small Business Act)'이다. 법은 실패를 법적으로 인정하고, 지원한다. 법이 규정하는 중소기업의 10대 원칙이 있는데, 그 둘째가 '실패 기업에 대한 재도전 기회 제공'이다. 우리도 이럴 수 있을까.

이창용 한국은행 총재가 후보자 시절이던 2022년 4월, 청문회 준비용으로 국회에 보낸 답변을 살펴보자. 국회의원이 우리나라의 잠재성장률 제고를 위한 방안을 물었다. 이 총재는 "기업의 혁신 및 도전에 대한 인센티브를

제공하고 실패 기업이 재기할 수 있는 기회를 부여함으
로써 혁신 생태계를 조성"³하겠다고 답했다. 다들 안다.
온 사회가 알고 있다. 이제 한국은행 총재도 알고 있고,
이미 대통령도 알고 있었다.

그래서 이제는 질문을 바꿔야 한다. 그래서? 왜? 아직
도? 그럼에도?… 문제는 문화다. 정책이다. 의지다. 우리
사회의 총체적인 결단의 문제다. 제발 실패한 사람에게,
기업에게 '패자부활의 기회'를 허하라.

함께 가야
멀리 갈 수 있다

너무 비관적으로 적은 것 같다. 그래서 이번엔 희망을 이
야기하려 한다.

언젠가 인터넷에서 봤던 것 같다. "네 살 아들이 스마트
폰으로 게임을 하다가 fail이 뜨자 좋아했다. 의아해진 아
버지가 묻는다. fail이 무슨 뜻인지 아니? 응, 아빠 실패라
는 뜻이잖아. 그러면 실패가 무슨 뜻인지는 아니? 그럼,
다시 하라는 거잖아."

솔직히 고마웠다. 감사해야 할 것 같아 한동안 여기저기 퍼뜨리고 다녔다. 다행이라고 생각했다. '우리 사회가 변할 수 있겠구나, 이렇게 갈 수 있겠구나.' 하는 희망의 단서가 됐다. 이것이 내가 꿈꾸는 패자부활 문화의 일단이다.

문화는 모두의 생각이다. 그렇다면, '네 살 아들'처럼 한 사람, 한 사람의 생각이 변해야 한다. 그래서 나부터 바뀌어야 한다. 실패가 나만의 문제가 아니라는 것을 강력하게 받아들이고, 이웃의 실패에 대한 연민과 공감의 정을 늘려 나가야 한다. 실패 이야기를 공유해야 한다. 서로가 서로에게 배워야 한다. 그러면 이웃이 바뀌고, 주위가 바뀌고, 사회가 바뀌게 된다. 그때는 개인의 실패가 사회의 실패로 받아들여질 것이다. 실패에 대한 책임을 개인에게 묻는 것이 아니라 사회가 기꺼이 나눠 짊어지게 된다. 나도 실패할 수 있으니 타인의 실패에 관대하게 되고, 사회가, 나라가 타인의 실패를 지원하고 응원하는 데에 대해 어떠한 부담감도 느끼지 않게 된다. 그것이 내가 꿈꾸는 패자부활의 문화다.

세계화가 극단적인 시장주의를 낳았고, 수많은 열패자를 만들어 냈다. 비로소 반성이 시작된 걸까. 세계화의 전

도사이자, 다보스 세계경제포럼의 창설자이자 회장인 클라우스 슈밥이 2019년에 이렇게 말했다. "이제 우리는 뒤처진 패배자(losers)를 보살펴야 합니다. 세계화의 다음 단계를 이야기할 때는 반드시 더욱 포용적이고, 지속 가능한 방법을 생각해야 합니다."[4] 함께 가야 멀리 갈 수 있다.

19장

개인이 아니라 사회구조의 책임이다

"한번 실패한 것이 앞으로의 모든 일에 실패할 거라는 것
 을 의미하지는 않는다."

— 마릴린 먼로(영화배우)

불안사회

불안사회다. 이건 우리 사회만의 문제가 아니다. 거의 모
든 사람들이 우리 시대의 키워드로 불안을 꼽을 정도다.
먹고살 만한데도 왜 이리 불안할까. 약육강식의 시대가
사실상 끝이 났는데도 왜 이리 불안할까. 출산이 불안하
다. 육아가 불안하다. 학교가 불안하다. 사교육이 불안하
다. 대학 진학이 불안하다. 대학 학자금이 불안하다. 취업
이 불안하다. 일자리가 불안하다. 연애가 불안하다. 결혼
이 불안하다. 내 집 마련이 불안하다. 건강이 불안하다.

노후가 불안하다. 이렇듯 우리 사회는 불안에서 시작해서 불안으로 끝나는 불안사회다. 이런 불안과 비관이 지배하는 데 누가 결혼하고, 누가 아이를 낳겠는가. 그래서 출산율은 이미 극단의 시대를 건너가고 있다. 이대로 계속 가면 '백의민족'이라는 이름의 우리 사회는 소멸의 길을 걷게 된다.

중국의 14억 인구가 탈빈곤 사회로 접어들면서 국가 간 불평등은 감소 추세다. 하지만 국가 내 불평등은 세계적으로 심화되고 있다. 특히, 코로나19 팬데믹으로 불평등은 더욱 심화된다. 성공과 실패를 가르는 요소가 부모의 직업과 재산이라는 선천적 요소보다 노력과 성실이라는 후천적 요소의 지배를 받아야 함에도 불구하고 현실은 정반대다. 신분변동의 가능성은 갈수록 줄어들고, 도리어 근세 이전의 신분제 사회로 되돌아간다. 이것이 우리의 현실이다. 그렇다면 젊은 세대들은 어디에서 희망을 찾아야 하는가. 최소한의 공정성, 기울어지지 않은 운동장을 기대한다. 하지만 현실은 역시나 그렇지 않다. 그래서 젊은 세대들은 희망보다는 절망의 시대를 살아간다. 그래서 절망사회다. 불안사회다. 꿈을 꿀 수 있는 사회 환경적 조건이 전혀 마련되어 있지 않다. 이런 사회에서 성공의 꿈이란 한낱 무지개에 지나지 않는다.

개인의 책임을 전적으로 부정하는 것은 아니다. 하지만 보다 넓은 시계열이나 공간의 관점에서 살펴볼 때 성공과 실패의 책임은 개인보다는 훨씬 더 사회적이다. 그렇다면 우리가 집중해야 할 대안은 개인이 아닌 사회에 있다.

프란치스코
교황의 기도

프란치스코 교황은 교황으로 부임한 뒤 그의 두 번째 공식 방문지를 실업으로 상징되는 이탈리아 서부의 샤르데냐섬으로 정했다. 수많은 실업자들 앞에서 교황이 기도했다.

"주님, 당신에게는 일이 있었습니다. 목수로 일하는 당신은 행복했습니다. 주님, 저희에게는 일이 없습니다. 우상들은 저희의 존엄을 훔치려 합니다. 불의한 제도는 희망을 훔치려 합니다. … 주 예수여, 당신은 일을 갖고 있었습니다. 저희에게도 일을 주시고, 일을 위해 투쟁할 수

있게 하시고, 축복하소서."(2013년 9월 22일)[1]

그해 가을, 교황은 '사도적 권고'를 발표한다.

"늙은 노숙자의 죽음은 뉴스가 되지 않고, 주식시장이 2포인트 빠지는 것은 뉴스가 되는 세상, 이것이 바로 배제의 경제다. … 배제와 불평등의 경제는 살인이나 마찬가지며, 이것은 인간 생명의 문제다."[2]

경제적 고립과 배제는 이미 범세계적이다. 한국은 세계 10대의 경제 대국에 들어섰다. 그렇다면 그만큼 행복한가. 그만큼 안전한가. 그만큼의 사회적 안전망은 촘촘하게 짜여 있는가. 누구나 꿈을 가지고 이 시대에, 이 땅에서 자신의 열정과 비전을 실현할 수 있도록 조건은 충족되어 있는가. 누구나 똑같이 평등하게 성공의 꿈을 꾸고, 그 꿈을 실현하기 위한 공정한 과정을 밟아 갈 수 있는가.

가장 쉽게 예를 들어 보자. 부모의 경제력이나 배경과는 무관하게 창업의 자유는 평등한가. 문제는 특히 실패했을 때다. 누군가에게는 한 번의 실패가 사기꾼이라는 낙인으로 이어지지만, 다른 누군가에게는 여러 번의 실패에도 가업을 계승하는 데 어떠한 문제도 제기되지 않는다. 아무 상관 없다. 성공의 경험이 갖는 불공정보다 실패의 경험이 갖는 불평등은 그야말로 극심하다.

다들 안다. 사회의 탓이라는 것을. 그리고 정책 탓이라
는 것도, 제도의 탓이라는 것도 안다. 기회나 과정이 결
코 공정하고 평등하게 분배되지 않고 있다는 사실도 다
들 안다. 그래서 분노한다. 하지만 세상은 변하지 않는다.
그래서 절망한다.

정책의 실패,
정치의 실패

우리는 큰 소리로 물어야 한다. '제도의 실패, 정책의 실
패, 사회의 실패, 정치의 실패를 왜 개인이 감당해야 하
나.'라고. 결혼을 하지 않는 것이 젊은 남녀의 책임일까.
아이를 낳지 않는 것이 역시 젊은 부부의 책임일까. 아니
라는 것쯤은 다 안다. 좋은 일자리가 있어야 찾아갈 수
있다. 좋은 일자리를 만들어야 할 책임은 누구에게 있을
까. 나라와 기업에 있다. 그게 아니라면 마음껏 벤처를 창
업할 수 있는 플랫폼을 구축해 줘야 한다. 내 집 마련도
마찬가지다. 평생 일해, 평생 월급을 모은들 수도권에 반
반한 집 하나 마련할 수 없다면 젊은이들은 어디서 희망

과 성공의 뿌리를 내려야 할까. 우리 사회의 가장 기본적인 모순은 사교육, 부동산, 일자리다. 이 중에 어느 하나라도 우리 사회가 희망의 대안을 제시한 적이 있는가.

2019년, 미국의 코미디언 댄 시한이 트위터에 올린 글이 화제가 된 적이 있다. 한국이나 미국이나 비슷한 모양이다. 약간의 나이 차는 있지만.

"베이비붐 세대는 화장실 두루마리 휴지를 마지막 한 칸만 남겨 놓고선 자기가 휴지를 갈 차례가 아닌 척했다. 그것도 사회 전체에."[3] 공감할 것이다. 공중화장실에서 두루마리 화장지가 한 칸밖에 남아 있지 않았을 때의 절망을. 다음 사람을 위해 화장지를 준비해 놓고 떠나든지, 아니면 함께 쓸 수 있도록 아껴 썼어야 한다. 그것이 세대의 양심이어야 했다.

우리의 불행한 MZ세대는 부모 세대보다 못 사는 첫 번째 세대가 될 확률이 높다. 미국이나 유럽도 마찬가지다. 그래도 고작 그것을 위안 삼아야 할까. 중동에 떠돌던 이야기가 있다. '할아버지는 낙타를 탔다. 아버지는 자동차를 탔다. 손자는 스포츠카를 탔다. 증손자는 다시 낙타를 탈 것이다.' 걱정이다. 이러다 우리의 후손들은 어쩌면 소달구지를 다시 타게 될지도 모른다. 나라가 시민의 권리를 보장하지 못한다면, 특히 실패하고 좌절한 시민을 보호하지 못한다면 존재 근거는 어디에서 찾아야 할 것인가.

통 크게
참여하라

동정으로는 부족하다. 연민의 정으로도 부족하다. 이해만으로도 부족하다. 문제는 우리 사회의 불신이 격렬해지고 있다는 점이다. MZ세대는 지금 부모도, 선생님도, 사회도, 나라도 믿지 않는다. 아무도 믿을 수 없다고 생각한다. '당신들이 설계해 준 대로 모범적으로 삶을 살아왔더니 지금 내게 주어진 것은 대체 무엇인가?'라며 되묻는다. 또 하나는 기성세대의 위선에 대해 깨닫기 시작했다. 말로는 자유를 준다고 하지만 사실상 방임이거나 포기다. 굳이 따지자면, 책임을 전가해 버리는 것이다. '네가 해 달라는 대로 다 해 줬는데 네가 못하는 거잖아.'라는 식이다. 이런 불신 속에서 MZ세대는 모험을 회피하게 된다. 꿈을 축소하고 스스로를 위축시킨다. 자기방어적 삶을 살게 된다. 우리 사회가 전체적으로 활력을 잃게 된다.

또 있다. 여전히 능력주의 신화를 강요한다. '네가 성공하지 못하는 이유는 노력하지 않기 때문이다. 네 탓이다. 누구는 저렇게 버젓이 성공하지 않느냐.' 이런 논리 구조다. 책임을 사회가 아닌 개인에게 전가한다. 구조적 문제, 개인의 차원을 떠난 구조나 시스템의 문제를 철저히 무시한다.

법률가 입장에서 최근 활성화되고 있는 개인회생제도 등은 그나마 다행이다. 파산 제도와 회생법원은 실패를 인정하고, 실패를 용납하는 데서 출발한다. 이것이 시장주의의 기본이고, 자본주의의 철학이라는 것을 인정한다. 사회도 책임이 있다는 것을 인정한다. 그래야 자본주의가 잘 굴러갈 수 있다는 것도 인정한다. 이제는 언론도 '도덕적 해이를 부채질하는 무리한 빚 탕감'이라고 비난하지 않고 있다.

하지만 이 정도는 부족하다. 더 통 크게 참여해야 한다. 하버드대학 교수 에리카 체노웨스의 '3.5% 법칙'이 있다. 3.5%의 사람들이 비폭력적인 방법으로 들고 일어나 진심으로 저항하면 반드시 사회에 큰 변화가 일어난다는 것이다. 1%로는 부족하다. 공감이 연대로 이어지고, 연대는 헌법상 권리행사로 강화되어야 한다. 그래야 변할 수 있다. MZ세대의 정치력이 좀 더 강화되어야 한다.

다만, 좀 더
나누어야 한다

엘리자베스 워런 미 상원의원이 처음 보궐선거에 출마했을 때 보스턴의 어느 작은 모임에서 했던 유명한 연설이 있다. 인용한 적도 많다. 요약하자면 이렇다. '미국에는 온전히 혼자만의 힘으로 성공한 사람은 아무도 없다. 누군가가 공장을 지었다. 좋은 일이다. 하지만 분명히 함께해야 할 일이 있다. 그 기업은 시민의 세금으로 만든 도로로 상품을 운송하고 그렇게 시장에 내놓는다. 공장은 시민의 세금으로 교육한 노동자들을 고용해 물건을 만든다. 공장의 안전은 시민의 세금으로 유지되는 경찰과 소방관 덕분이다. 이렇듯 기업들이 돈을 버는 데 필요한 거의 모든 것들을 시민들이 부담하고 있으므로 그 부는 기업인들만의 것이 아니다.' 나는 이 연설을 '계급투쟁'을 강조한 사회주의자의 연설이 아니라 일찍이 사회적 책임을 강조한, 그리하여 우리 모두는 홀로 존재하지 않고, 서로가 서로에게 의지하고 서로가 서로에게 빚지고 있기에 서로가 서로를 위해 여러 형식의 책임을 분담해야 함을 강조한 연설로 읽는다.

성공의 오만과 독선을 경계해야 한다. 실패의 무책임 또한 경계할 필요가 있다. 성공은 온전히 나의 것이고, 실패는 온전히 사회의 것이라고 생각한다면 이 또한 위험하다. 성공과 실패는 마치 뫼비우스의 띠처럼 얽혀 있다. 거기에는 무수한 사람들의 성공과 실패가 뒤섞여 있다.

나아가 우리 사회의 성공 스토리에는 온전히 개인적 요소만 기여했을 뿐 사회적 요소가 기여한 부분은 전혀 없다는 것으로 오해해선 안 된다. 비율의 차이가 있을지언정 우리 사회의 성공 신화에도 분명 사회적 기여분은 있다. 그런데도 우리 사회의 일부 성공 모델들은 자신의 성공을 지나치게 사유화한다. 사회적 책임을 망각한다. 사회적 기여를 애써 외면한다. '내가 잘나서, 내가 성공했으니 이건 내 거야.'라는 승자독식에 빠져 있는 경우도 있다.

그래서 몇 차례 반복하지만, 성공과 실패는 인간의 일이기에 우리는 좀 더 겸손해져야 한다. 가수 밥 딜런에게 할머니가 조언을 건넸다. "누구에게든 친절하렴. 네가 만날 사람들은 모두 힘든 싸움을 벌이고 있는 중이니까."[4]

20장

즐거운 실패를 향해

"낡은 지도로는 새로운 세상을 탐험할 수 없다."

— 알베르트 아인슈타인(물리학자)

머뭇거리지 마라

「스타워즈」의 캐릭터로 유명한 요다가 있다. 주름도 많고 못생긴 편이다. 흥미로운 뒷이야기 하나. 제작진이 아인슈타인 얼굴을 참조했다고 한다. 요다가 남긴 지혜다.

루크: 알았어요… 해 볼게요.(OK… I'll try.)

요다: 하거나, 하지 않거나. 해 본다는 건 없어.(Do or do not. There is no try.)

성공의 길을 떠나라는 게 아니다. 무작정 성공만을 꿈꾸자는 게 아니다. 이쯤 실패에 대해서 공부했다면 이제 당신은 실패 전문가다. 그래서 지금까지 겪은 실패보다 더한 실패를 맛보러 당장 출발하자. 더 험한 실패의 길을 걷자. 나만의 실패, 즐거운 실패를 향해 출발하자.

갈수록 '결정 장애' 환자가 늘고 있다고 한다. 세상의 불확실성과 불가예측성에 그만큼 대응하기 어렵다는 의미다. 더구나 우리 사회처럼 한 번의 결정이, 한 번의 실패가 인생을 좌우하는 극한 사회에서는 더욱 그렇다.

우리는 하루에 몇 가지나 결정하고 살까. 독일의 연구가 있다. 거의 2만 가지 내외란다. 그렇게 많다고? 그렇다. 아침에 '지금 일어날까 말까.' '물부터 마실까 화장실부터 갈까.' 식사할 때 '밥부터 먹을까 국부터 먹을까.' 이런 식이다. 별반 의식하지 못하고 무의식적으로 맞이하고 결정한다. 그래도 하루에 중요한 사례들이 1~2,000개는 있다는 거다. 식당에서 메뉴 정하기도 쉽진 않다. 여럿이 식당에 가면 '너 알아서 해.' 하는 사람이 있고, '내가 알아서 할게.' 하는 사람이 있다. 당신은 어느 편인가. 남의 결정에 따르고 '에이, 오늘 실패했네.' 하길 바라는가, 아니면 내가 시키고 '어, 오늘은 잘못시켰네.' 하겠는가.

프랑스 철학자 장 폴 사르트르는 "결국 우리는 우리 자신이 내린 선택 그 자체."라고 했다. 머뭇거릴 것인가, 결정할 것인가. 주저할 것인가, 지금 당장 출발할 것인가. 이 모든 선택은 당신의 몫이다. 성공과 실패 이전에 과감하게 '나는 실패의 길을 가겠어. 나는 실패의 길을 갈 수 있어.' 할 수도 있다. 이것이야말로 당신의 선택이다.

어디에서
출발할 건가요

구글이 창업하기 10년 전, 기자가 빌 게이츠에게 물었다. "가장 두려운 장애물이 무엇인가요?" 기자는 IBM이나 애플을 기대했다. "음… 누군가 차고에서 전혀 새로운 무언가를 개발하고 있지 않을까 두렵군요." 10년 후 기자가 그때 게이츠와의 인터뷰를 떠올렸다. 차고에서 구글이 창업한 것이 그 인터뷰 직후였다.[1]

미국 기업의 출생지는 대부분이 '차고(garage)'다. 책상머리가 아니다. 아마존도, 디즈니도, 마이크로소프트도, 애플도, 할리 데이비슨도, 매그라이트도 다들 차고 출생이다. 문화적 차이야 있지만, 이런 문화가 부럽다. 우린 손과 발, 공구를 쓰는 데 너무 서툴다. 더 이상 젓가락 문화만으론 부족하다.

미국은 이런 문화를 자랑스러워한다. 1989년 휴렛팩커드(HP)가 창사 50주년을 맞았다. 창업한 차고는 '실리콘밸리가 태어난 곳'이라는 명칭과 함께 처음에는 캘리포니아주의 역사적 장소로, 나중에는 연방정부의 '역사적 장소'로 지정됐다. 그 앞의 동판 팻말에는 이런 말이 쓰여져 있다.

"이 차고는 세계 최초의 첨단 기술 지역 '실리콘밸리'가 태어난 곳이다. 그 같은 아이디어는 제자들에게 동부에 있는 대기업에 취업하는 대신 이 지역에서 전자 제품 회사를 창업하도록 독려했던 스탠퍼드대학의 프레더릭(프레드) 터먼 교수로부터 비롯됐다. 그의 조언에 따른 첫 번째 제자들이 바로 1938년 이 차고에서 자신들의 첫 번째 제품인 음향 발진기를 만들었던 윌리엄 휼렛과 데이비드 패커드였다."(황장석,『실리콘밸리 스토리』)[2]

미국을 대표하는 빅테크 기업들이 처음부터 지금까지 어떠한 실패도 없이 승승장구했는가. 성공의 역사만큼이나 실패의 역사 또한 높고도 깊다. 그래서 이곳은 성공의 성지가 아니라 실패의 성지다. 실리콘밸리가 실패의 요람이요, 실패의 문화에 지배되듯이. 이곳이 미국의 경제사요, 우리 시대의 세계사다.

조심스럽게 묻는다. '언제 출발할 건가요.' 지금 당장이었으면 좋겠다. '어디서 출발할 건가요.' 어디에서든 좋지만, 지금 서 있는 그 자리에서 바로 출발했으면 좋겠다.

정면실패

대체적인 프로젝트 흐름은 이렇다. 비전을 설정한다. 준비한다. 실행한다. 결과를 바탕으로 피드백한다. 수정한다. 다시 실행한다. 실패의 피드백 또한 이런 순서다.

그 전에 막연한 시도가 아닌 정확한 목표 의식과 리더십의 중요성을 한 번쯤 강조하고 가야겠다.

원후착월(猿猴捉月)이라는 불교 이야기다. 보름달이 강물로 기울고 있었다. 세상이 캄캄해지는 것을 염려한 두목 원숭이가 꾀를 냈다. "얘들아, 우리가 나무 위로 올라가 서로가 서로의 꼬리를 잡고 매달리면 강에 빠진 달을 충분히 건져 올릴 수 있을 것 같아." 수백 마리의 원숭이가 줄줄이 매달렸다. 나무가 부러졌고, 원숭이들은 모두 물에 빠져 죽고 말았다. 물에 빠진 달이 바로 허상이다. 원숭이들은 헛된 망상을 좇았다.

혼자서 하는 일은 거의 없다. 그래서 지혜로운 조직관리와 리더십이 필요하다. 무엇보다도 시공간에서 정확히 좌표를 찍을 수 있는 목표 의식이 중요하다. 그랬을 때 실패를 줄일 수 있다. 물론 그럼에도 실패할 수는 있다. 해도 된다. 하지만 어느 누가 실패를 장려하겠는가. 장려하는 실패는 정면승부와 같은 '정면실패'다. 멍청한 실패가 아니라 '똑똑한 실패'다. 질문의 크기가 생각의 크기다. 실패의 크기가 도전의 크기다. 도전의 크기가 상상력의 크기다. 상상력의 크기가 바로 당신의 인생관이요, 세계관이다.

할리우드 스타들을 주 고객으로 두고 있는 임상심리학자 벤 마이클리스가 있다. 그가 자신의 자녀에게 교육하는 '똑똑한 실패(intelligent failure)' 방법론이다. 실패라는 결과에 바르게 대응하고 다시 실행에 나아가는 피드백 절차다. ① 느끼기(Emote). 슬픔과 분노의 감정을 느껴라. ② 다짐하기(Vow). 바로잡겠다고 다짐하라. ③ 알아차리기(Observe). 관찰하고 원인을 찾아라. '실패 일기'를 써라.

④ 배우기(Learn). ⑤ 모험하기(Venture). ⑥ 처음부터 다시 실행하기(Execute). 그는 아이들에게 여섯 가지 단어의 앞 글자를 연결해 'EVOLVE를 기억하라.'고 가르치고 있다.(마셜 골드스미스 외, 『최고의 석학들은 어떻게 자녀를 교육할까』)[3]

전진 앞으로

"가다가 중지곳 하면 아니 감만 못하니라."라는 시조가 있다. 동의하지 않는다. 간 만큼 남는다. 하다가 실패하면 안 하는 것만도 못할까. 아니다. 시도한 만큼 남는다. 실패한 만큼 배운다. "승리하면 조금 배울 수 있다. 그러나 패배하면 모든 것을 배울 수 있다."(크리스티 매튜슨, 전 야구선수·감독) 이렇듯 실패에서 배우는 게 더 많을 수 있다.

하지만 처음부터 성공이 하늘에서 뚝 떨어지는 것은 아니다. '일확천금'의 꿈이란 로또에서나 가능한 일이다. 세속의 성공과 실패는 결코 그렇지 않다. 작은 물방울이 모여 강물을 이루듯, 작은 성공이 모여 큰 성공을 이룬다. 성공의 경험이 더 큰 성공의 발판이 된다. 미국의 소설가 루이스 라모르가 이를 문학적으로 형상화한 말이 있다. "승리는 마일 단위가 아니라 인치 단위다. 지금은 작은 승리에 불과하더라도 이를 바탕으로 입지를 튼튼히 하면 나중에 더 큰 승리를 얻을 수 있다." 2008년 금융위기 때, 스타벅스 창업자 하워드 슐츠의 메시지도 곱씹어 볼 만하다. "과거의 누렸던 성공은 권리가 아니다. 권리는 하루에 한 잔씩 매일 획득해야 한다."

미국의 법학자들은 사례나 경험들에서 법과 상식을 추려 낸다. 사건 해결의 경험들이 모여 상식이 되고, 상식이 곧 판례다. 판례가 법이다. 우리 법 해석과는 달리 '아래에서 위로의 원칙'이다. 경영학도 마찬가지다. 이런 현장의 경험들을 체계적으로 이론화하는 것은 경영학자들의 몫이다.

하버드 경영대학원 석좌교수 테레사 에머빌과 그의 남편인 컨설턴트 스티븐 크레이머가 공동으로 창안한 '전진의 법칙(progress principle)'이 있다. 법칙이라고 거창하진 않다. 다른 말로 표현하면 '작은 성공의 법칙'쯤 되겠다. 마치 돌탑을 쌓듯, 작은 성공을 쌓아 가면 언젠가는 큰 성공으로 이어진다는 것이다. 성공의 경험을 쌓아 가라는 것이다.

한 발, 한 발 성공을 향해 전진하자. 아니다. 나는 역설을 이야기하겠다. 한 걸음, 한 걸음 실패를 향해 전진하자. 크게 실패하고, 크게 깨닫자. 큰 실패야말로 큰 깨달음을 안겨 줄 것이다.

기본으로 돌아가라

실패는 옵션이 아니다. 기본이다. 도리어 성공이 옵션이다. 실패라는 결과를 받았다. 어떻게 해야 할까. 다시 되돌아가야 한다. 처음에서 다시 시작해야 한다. 두 가지의 이야기를 하고 싶다.

첫째, 고대 노예들은 지독한 중노동에 시달렸다. 노예가 탈출한다. 하지만 되돌아오고 만다. 왜 그럴까. 자유인으로, 독립된 인간으로 살아 본 적이 없기 때문이다. 노예들은 전체적인 프로세스를 모른 채 부품화된 소모적 노동만을 거듭했다. 시간과 공간의 흐름, 프로세스를 통제할 줄 몰랐다. 그래서 탈출에 성공해도 무엇을, 어떻게 해야 할지를 몰라 다시 노예적 삶으로 되돌아오고 말았다. 모든 시도가 그러하다. 피드백을 거듭하더라도 이런 상황이라면 시도는 늘 헛될 것이다. 삶의 기본, 프로젝트의 기본에 대해 충실해야 한다. 이것은 그야말로 기본이다. 성공과 실패 이전의 기본 전제다.

둘째, 한국과학기술정책연구원 송위진 박사가 언젠가 한국 기업의 문제 해결방식을 '한국식 뻥축구'에 비유한 적이 있다. 일단 공을 뻥 차 놓고 우르르 공을 쫓아 달리는 동네 축구 스타일이라는 것이다. 송 박사의 말을 빌리면, 이는 좋게 말하면 캐치업(catch-up, 뒤에서 따라잡으려고 하는 팀플레이 스타일)이요, 나쁘게 말하면 기본을 망각한 돌격전일 뿐이다. 나의 해석론을 더하자면, 이는 일단 저질러 놓고 보자는 식으로, 기본이 결여되어 있음은 물론 결과를 다시 되돌리는 피드백 절차가 엉망이라는 의미다. 이런 식이라면 출발선으로 되돌아오더라도 문제는 계속 반복될 수밖에 없다. 수렁에서 달리기 경주를 하는 것과 마찬가지다. 돌아올 수 있는 기본조차도 없는 셈이다.

이슬람 신비주의자 루미는 "길은 첫걸음을 내디뎌야 보인다."고 했다. 도전의 길도, 진리의 길도 마찬가지다. 머뭇거릴 필요 없다. 정면 돌파하는 거다. 우회할 필요 없다. 정면실패하는 거다. 실패해도 억울해할 것 없다. 정직하게 시인하고, 다시 기본으로 되돌아오면 된다. 그러곤 다시 출발하는 거다.

21장

믿어라

"우리는 모두 독자적인 사람으로 태어났다. 그런데 복제
품으로 죽는 사람이 그렇게 많은 이유는 무엇일까?"
— 에드워드 영(시인)

인간은 실패하는
동물이다

나는 세속사회를 살아간다. 전공이나 직업이나 살아온
생애 또한 세속적이다. 그래서 이성이나 철학, 가치나 종
교 이런 개념들을 이야기하기엔 왠지 쑥스럽다. 차라리
실패나 성공, 땀과 눈물 같은 세속적 단어들이 편하다. 실
패학은 인간학이라고 했다. 인간은 실패하는 동물이라
고 했다. 그래서 성공과 실패를 탐구하는 것은 삶의 본질
을 통찰하는 작업이다.

좀처럼 신에게 묻지 않지만, 신은 인간에게 왜 이토록 가혹한 실패를 예정해 놓았을까. 인간은 이 뻔한 결말을 알고도 왜 무모한 도전을 계속할까.

"산 정상을 향한 투쟁 그 자체가 인간의 마음을 가득 채우기에 충분하다. 행복한 시시포스를 마음속에 그려 보지 않으면 안 된다."(알베르 카뮈, 『시시포스 신화』)

카뮈는 밀어 올린 바위가 다시 떨어져 실패함에도 끝내 포기하지 않고 다시 밀어 올리는 인간의 모습을 두고 '인간승리'라 표현했다. 자신의 철학적 언어로 '부조리'라 해석했다. 성공과 실패를 인간의 부조리라 할 수 있을까. 그럴 수도 있겠다. 길항 관계 혹은 모순일 수도 있겠다. 다시 묻는다. 인간은 이런 부조리로부터, 모순으로부터 자유로울 수 있을까. 그럴 수 없다. 인간에게는 성공으로만 채색된 삶이 애당초 허용된 적이 없다. 신은 인간 모두에게 성공의 길만을 예정해 주지도 않았다. 살아 있는 한 성공이 있고 실패가 있다. 실패에 대한 우리의 가치관을 바꿔야 한다. 실패로부터 결코 자유로울 수 없다면 실패와 친해지고, 실패에 대해 세심해져야 한다. 실패를 살갑게 어루만질 줄 알아야 한다. 이것이 실존이기 때문이다.

프로이트 이론을 빌려 오자면 실패가 사람의 인격이나

자존 자체를 무너뜨리진 못한다. 하지만 실패는 현존이다. 실패의 기억은 내 의지와는 무관하게 어딘가에 살아남아 나를 괴롭히게 된다. 인간의 자존에 대한 상처이자 고통이다. 그래서 실패를 안고 살자는 것이다. 실패를 안고 다시 떠나자는 것이다. 실패는 인간이 얼마나 불완전한 존재인가를 보여 주는 확고한 증거다.

실패의 길을
선택하라

마블 어벤져스 시리즈의 '블랙팬서'로 널리 알려진, 2020년 8월 세상을 떠난 채드윅 보스만이 모교인 하워드대학에서 졸업 축사를 했다. 대장암으로 투병 중이던 때다.

"나는 여러분의 미래가 어떨지 모릅니다. 하지만 더 힘들고 복잡하고, 당장의 성공보다 더 많은 실패가 있는 길, 궁극적으로 더 많은 의미가 있는 길을 택한다면 후회하지 않을 승리와 영광이 함께할 것입니다."[1]

다분히 종교적이다. 성공의 길보다는 실패의 길을 선택하라고 했다. 마치 성경의 "좁은 문으로 들어가기를 힘쓰라."는 말씀이 떠오른다. 성공보다는 실패에서 더 깊은 의미를 찾을 수 있을 거라 했다. 성공이나 행복이 그러하듯, 당연하게도 실패 또한 삶의 영원한 화두(話頭)요, 성찰의 대상이다. 인간이기에 그러해야 한다. 실패에서 배워야 하는 것, 당연하다. 하지만, 철학적 인간의 삶이란 실패에서 깨달음을 얻을 수 있어야 한다. 실패에 대한 철학적 사유가 인간을 넓고 깊게 한다. 삶에 대한 근본적 이해를 풍부하게 한다. 실패에 대한 질문이 삶에 대한 본질적 질문이다. 실패에 대한 실용적 문답도 필요하지만 때로는 삶에서 실패가 갖는 의미가 무엇인지를 물을 수 있어야 한다. 이것이 철학하는 인간의 태도다.

잠시 스토아학파의 문제의식을 빌려 오자. 스토아학파는 활쏘기의 비유를 사용했다. 궁사에게는 과녁이 주어진다. 과녁의 정중앙을 맞히는 것이 목표다. 하지만 그것이 목표가 되어선 안 된다. 화살이 과녁에 명중되지 않더라도 상관없다. 정확하게 과녁을 겨눴다면 그것으로 충분하다고 했다. 물론 나 같은 세속주의자들의 관점에선 뭔가 어색한 비유다. 화살을 쏜 이상 과녁에 정확히 맞혀야 하고, 메달까지 따내야 하기 때문이다. 그렇지 않으면 의미가 없다고 생각한다. 하지만 이 또한 나만의 독선일 수 있다. 인간의 삶이란 그렇게 단순하지도, 획일적이지도 않다. 인간의 활쏘기는 과녁에 명중할 수도, 과녁을 빗나 갈 수도 있다. 하지만 인간다운 삶을 살아가겠다는 분명한 목표가 있고, 그 목표에 대한 일관성을 유지한다면 이로써 충분할 수도 있겠다. 물론 과녁을 빗나갔다면 왜 빗나갔는지를 성찰해야 하는 것, 이 또한 인간의 일이겠지만 실패에 대한 본질적 성찰을 놓치지 않았으면 좋겠다.

바이오엔테크에서
배운다

다시 우리 시대로 돌아왔다. 같은 시공간을 살고 있는 사람들에게서 더 크게 배울 때가 있다. 먼 훗날, 역사책에 이 시대를 대표하는 사건으로 기록될 코로나19 이야기다.

2021년 독일 정부는 메신저리보핵산(mRNA) 기반의 코로나19 백신을 개발한 터키 이민자 부부에게 대통령 훈장을 수여했다. 남편 우구어 자힌은 스스로를 '프로이센 튀르크'라고 부른다. 직역하자면 '독일의 터키인'이다. 가난한 이민자의 자식으로 태어나 '터키계 독일인'으로 살아가면서 겪은 가난과 실패의 경험에 대해서는 반복할 필요가 없겠다. 그가 어느 언론 인터뷰에서 말했다. "중요한 것은 무엇인가를 하는 이유입니다. 그 이유가 바뀌지 않는 한 나도 바뀌지 않을 것입니다."[2]

미루어 짐작하자면 그가 연구를 계속하는 이유는 암 정복이거나 질병으로부터의 자유일 것이다. 하지만 이 정도의 해석으로는 뭔가 부족하다. 문제는 '이유'라는 단어다. 다른 식으로 표현하자면 삶의 목표, 일생의 비전일 것이다. 그것이 살아가는 '이유'다. 무엇인가를 하는 '이유'다. 스토아학파의 과녁이다.

우리는 왜 사는가. 무엇을 위해 사는가. 대체 무엇을 추구하는가. 무엇을 바라고 무엇을 꿈꾸기에 이토록 성공과 실패에 집착하고 고통받는가. 그런 점에서 자힌은 하나의 모델이다. 그는 가장 철학적인 삶을 살아가는 것 같다. 그렇다고 철학적 사유에만 머물진 않는다. 현실에 발을 딛고 현실 속에서 오늘의 문제를 해결하려 든다. 연구도 계속하면서 벤처 회사를 설립해 경영한다. 실패도 많았지만, 연구자가 비즈니스에서 대성공을 거뒀다. 그렇다고 그는 이쯤에서 멈추지 않는다. 자신이 설정한 그 '이유'를 여전히 추구한다. 그 이유를 일관되게 추구한다. 그 이유 앞에서 성공과 실패는 사소한 과정에 불과하다. 살아가는 '이유'가 존재의 '이유'다. 성공과 실패가 존재를 압도하도록 내버려 두어선 안 된다.

한계를 넘어서라

인간은 환경과 조건에 적응하는 동물이다. 적응을 통해 진화로 나아간다. 자나 깨나 늘 꿈을 꾼다. 상상력을 현실의 문제로 치환한다. 그러곤 도전한다. 창조적이다. 추진력을 발휘한다. 그럼에도 실패한다. 복원하는 힘이 있다. 강력한 회복력이다. 다시 태세를 정비한다. 출발한다. 새롭게 도전한다. 또다시 실패한다. 그럼에도 결코, 포기하지 않는다. 이것이 한 인간의 삶이자 보편적 삶이다. 우리네 인생이다.

자칫 삶의 궤도에서 사로잡힌다. 강력한 추진력으로 시공간의 한계를 뛰어넘어야 하는데 그렇지 못한 경우가 있다. 중력의 법칙에 사로잡혀, 시간의 법칙에 사로잡혀 마치 다람쥐 쳇바퀴 돌 듯 현실의 한계를 뛰어넘지 못한다. 무기력한 포기다. 한편으론 패배다. 그래서 현실의 한계, 상상력의 한계, 시공간의 한계, 중력의 한계를 뛰어넘기 위해 시도하는 이들의 삶이 참으로 아름답다.

한동안 스티브 잡스에게 빠져 있었다. 지금도 그립다. 요즘은 일론 머스크가 고맙다. 지구를 넘어 화성까지 가겠다니. 수십억 년 동안 머물러 온 삶과 사유의 지평을 다른 별에까지 확장하겠다니. '실패도 하나의 옵션'이라는 그의 오만함이 얼마나 우리를 위로하는가. 더구나 우리를 대신해서 인간의 한계, 시공간의 한계를 뛰어넘겠다니. 이 얼마나 고마운 일인가. 일론 머스크의 행적을 따라가는 것이 요즘의 공부다. 그런 인생을 살다 간 사람들이 종종 있다. 누구나 쉽게 공감하는 빈센트 반 고흐의 인생이 그렇다.

고흐가 화가 에밀 베르나르에게 편지를 썼다. "헛된 망상에 빠져 너무 큰 별에 닿고자 했고, 또다시 실패하고 말았네. 이제 실패라면 이골이 났을 정도인데…"(캘리 그로비에, 『세계 100대 작품으로 만나는 현대미술 강의』)[3] 고흐는 자신을 극한으로 몰아붙였다. 보통 사람이라면 멈췄을 터인데, 그는 실패라 규정하고 더 큰 걸음을 내디뎠다. 이것이 한계를 뛰어넘고자 하는 가장 인간다운 삶의 모습이다. 더 큰 돌을 밀어 가며, 더 높은 산봉우리로 향해 나아가는,

그러다 실패하겠지만 그럼에도 다시 돌을 밀고 올라가는, 그리하여 끝내 그 봉우리 뒤로 돌을 굴리고야 마는, 그런 인생.

그대 자신을
믿어라

우리가 열어젖힐 마지막 문은 '죽음의 문'일 것이다. 하지만 그 전에 우리는 수많은 문을 맞이한다. 탄생의 문부터 입학의 문까지. 미국의 배우 로버트 드니로가 어느 연설에서 평생 사람들을 따라다니는 문이 있는데, 그 문은 '거절의 문'이라고 했다. 세상은 끊임없는 거절과 거부다. 누가 나를 위해 대문을 활짝 열고 기다리겠는가. 거절은 곧 실패다. 그럼에도 우리는 문을 두드리는 일을 멈출 수 없다. 인간의 숙명이자, 인간으로서의 의지이기 때문이다.

　패배의 고통을 잊고 다시 시작한다는 것은 쉽지 않다. 아프리카 서해안에 가면 특별한 샘이 있다. 노예제도의 비극과 관련된 곳이다. 노예선에 태우기 전 샘물을 마시게 했다. '모든 기억을 잊게 해 준다.'는 강제적이고 주술적인 명분이었다. 자유인에서 노예로 태어나게 하는 막된 의식이었다. 타율을 자율로 돌려놓아야 한다. 자기 결정에 기반한 자유인의 삶이라면 스스로 도전하고, 스스로 잊고, 스스로 회복하고, 스스로 다시 도전할 수 있어야 한다. 패배의 기억을 구겨 놓고 더 큰 실패로 나아가는 크나큰 도전에 뛰어들어야 한다. 반복하지만, 숙명이자 의지다.

그러니 '너 자신을 믿어라.' 스스로 그대 자신을 믿어라. 그대도 다른 사람을 믿어라. 그리고 다른 사람이 그대를 믿게 하라. 그대는 이미 인간으로서 충분한 상상력과 창조력, 도전할 수 있는 힘, 실패를 딛고 일어나 다시 도전할 수 있는 힘을 가지고 있다. 그러니 그대 자신을 믿어라. 한 인간으로서 얼마나 아름다운 본성과 능력을 가지고 있는지, 사실 그대만 모른다. 친구들도 안다. 가족들도 안다. 온 세상이 다 안다. 그러니 자신만만해도 좋다. 그대가 가진 능력과 본성은 존중받아 마땅하다. 그러니 두려워 말라. 그대 자신만을 믿고 자유롭게 다시 뛰쳐나가라. 더 큰 실패를 향해, 더 위험한 도전을 감행하라. 그대에겐 마음껏 실패할 수 있는 자유가 있으니.

인간은 '실패를 해내는 동물'

애당초 '들어가며'에서 실패에 대한 관점, 시각의 변화를 바란다고 적었었다. 모르겠다. 그런 바람이 어느 정도 이뤄지고 있는지.

반복하지만, 인간은 실패하는 동물이다. 실패를 해내야 하는 동물이고, 해낼 줄 아는 동물이다. 이것이 인간의 본질이다.

그럼에도 다시 바람을 반복하자면 첫째, 실패에 대한 성찰, 실패에 대한 묵상을 바라고 싶다. 실패란 무엇인지를 늘 자기 자신에게 따져 묻고 대화를 나눠야 한다. 그러다 보면 당연히 그 반대편에 서 있는 성공에 대해서도 묻게 된다. 대개 성공이라고 표현되는 삶의 목표에 대해 이야기하게 된다. 성공도 실패도 아닌 회색지대에 대해서도 대화를 나누게 된다. 결국, 자신의 삶 전반에 대해, 인생이라는 여행길에 대해 이야기를 나누게 된다. 이렇듯 실패와 대화를 나눈다는 것, 실패를 성찰한다는 것은 인간의 철학적 삶을 의미한다.

둘째, 실패는 그렇게 구차하지도 않고, 그렇게 부끄러운 일도 아니다. 일관되게 강조해 왔지만, 세상에는 성공보다 실패가 더 많다. 성공한 사람들보다 실패한 사람들이 더 많을지도 모른다. 대중의 다수가 실패한 사람들이라면 사실 가장 유치한 논리로 부끄러워할 이유가 뭐 있겠는가. 실패에 대한 생각의 전환, 태세의 전환, 접근 방식의 전환이 이 책의 한 목표였다. 막연히 두려워하기보다는 정직하게 접근하고, 분석하고, 분류하고 대안을 만들어 나가는 노력이 필요하다. 그러기 위해서는 실패에 대한 생각이 바뀌어야만 한다. 실패를 외면하거나 두려워해서는 제대로 된 실패를 해낼 수가 없는 법이다.

셋째, 이력서는 여러 번 써 봤을 것이다. 그냥 언제 입학하고, 언제 졸업하고, 무슨 자격증을 갖고 있는지에 대한 형식적이고 공식적인 서류다. 책의 제안대로 '실패 이력서'를 한번 써 보자. 종이를 놓고 가운데에 줄을 그어 왼쪽에는 성공의 이력을, 오른쪽에는 실패의 이력을 정직하게 적어 보자. 종이를 뒤집어 학력과 입사 등 절차적인 부분의 이력 말고 나의 욕망, 나의 열정, 나의 품성, 나의 관대함, 나의 이기심, 나의 배타성, 나의 신뢰성 등도 한번 적어 볼 필요가 있다. 세상은 형식적인 이력이 성패를 결정하는 것이 아니라 도리어 품성과 본성, 태도, 관계성 등이 성패를 결정하는 경우도 있기 때문이다. 때로는 성공의 그림자가 이런 것들로 인해 어지럽혀질 수도 있고, 또 실패의 그림자가 이런 특별한 장점들로 인해 희석될 수도 있다. 이렇듯 실패를 탐색하는 것은 결국, 나 자신의 본질과 만나는 일임을 다시 한번 이야기하고 싶다.

사실 고백하건대 실패에 대한 책을 쓰겠다니 다들 말렸다. 일단 겉보기에 '당신은 실패의 경험이 없어 보인다.'는 것이었다. 그랬을까. 아니다. 이건 아니다. 나는 아직도 고백하지 않는 수많은 실패들이 나를 괴롭히고 있다. 그간의 실패와 흉터들이 때로는 고통으로, 때로는 공포로 남아 재현되기도 한다. 길을 가다가도 불쑥불쑥 놀라는 경우가 있고, 자다가도 악몽을 꾸고 깨기도 한다. 두려움에 스스로 몸을 떨 때도 있고, 또 다른 실패가 나를 기다리고 있는 건 아닌지 염려하기도 한다. 하지만 이 또한 삶의 일부이기에 나는 받아들이기 위해 노력하고, 또 다른 실패를 잘 해낼 수 있기를 스스로에게 주문한다. 이렇듯 나는 독자들보다도 훨씬 더 나약하고 실패를 두려워하는, 지극히 불완전한 존재일 뿐이다. 그래서 이런 두려움을 극복하기 위해 이 책을 썼는지도 모르겠다. 분명 그랬을 것이다.

조지 오웰이 말했다. "어떤 인생도 자신의 관점에서는 그저 실패의 연속이기 때문에 자기 스스로 좋은 평가를 내린다면, 그것은 거짓일 뿐이다."라고. 나를 합리화하기 위한 좋은 문장이다. 지금까지 20여 권 이상의 책을 썼다. 그저 수험서거나 홍보용이었던 것 같다. 독자들과 생각을 나눌 수 있는 책을 쓰고 싶었다. 그럴만한 나이가 된 것 같다. 그렇다면 이번에는 성공한 저술이 되었을까. 호랑이를 그리려다 고양이를 그려 버렸다. 이력에 또 하나의 실패가 추가되고 말았다. 아닐까.

감사의 글

'손발을 맞춘다.'는 말이 있다. 하지만 이걸로는 부족하다. 생각과 걸음걸이까지 함께했다. 자료 채집에서부터 정리, 구성 때론 아이디어까지, 나의 게으름 탓으로 원고를 끝내기까지 수년간을 함께했다. 겸손의 표현이 아니다. 굳이 표현하자면 '사실상' 공저라고 표현함이 마땅하다. 신세의 크기와 무게다. 함께해 준 박유수 선생님, 민음인 강성봉 부장 두 분께 진심 어린 감사의 인사를 드린다.

즐겨 하는 말이지만 나의 생각, 말, 글 중에 내가 창조한, 내게 지적 소유권이 있는 말과 글이 과연 몇 마디, 몇 줄이나 될까. 없을 것이다. 고맙게도 '문자공화국(로버트 단턴)'의 시민으로 살아왔다. 어린 시절부터 '활자 중독'이었다. 부모님께 받은 참으로 고마운 유전자다. 처음부터 내것이 없었음에도, 불행히도 남의 것을 마치 내 것처럼 여기고, 나의 이야기를 하듯 살고 있다. 어느 게 내 생각이고, 어느 게 남의 생각인지 분간할 수 없다. 그러다 보니이 책도 그렇게 되고 말았다. 순전히 남의 생각, 남의 표현을 가져다 내 것인 듯 구성한 건 아닌지 덜컥 겁이 날때도 있다. 대신, 고마움을 남겨야 한다. 이 책의 근거가되었던, 실패에 대한 나의 철학과 사상의 뿌리가 되었던, 수많은 사례를 제공해 준 활자들, 책들, 언론 기사들, 각종 인터뷰들, 발언들, 이러한 훌륭한 콘텐츠들을 여러 방식으로 내게 전달해 준 모든 분께 감사드린다.

무엇보다도 여전히 철없는 내 생각의 틀을 잡아 주고, 이끌어 주신 선생님들에 대한 감사함이 크다. 특별히 연이은 실수와 실패를 기꺼이 보듬어 주고, 격려해 주고, 위로해 주고, 때론 손을 잡아 주신 선생님들 덕분에 여기까지 왔다.

변호사로 첫걸음을 내디딜 무렵부터 여러 결정의 순간들마다 멘토가 되어 주신 김종인 박사님, 강천석 주필님, 두 분 스승께 감사드린다. 두 분이 나눠 주신 선한 영향력은 여전히 나를 지탱하는 힘이다.

이 생애에 여러 인연으로 만나 지도와 질책, 격려를 아끼지 않으신 여러 선생님이 계신다. 고마움에 대한 수식어 없이 단순히 나열하기에는 너무도 죄송스럽다. 한 분 한 분 호명하듯 감사의 마음을 실어 또박또박 적어 본다. 지용택 이사장님, 남재희 선생님, 최완수 선생님, 조정래 선생님, 홍석현 회장님, 김윤수 총장님, 김용우 박사님, 강창희 의장님, 박용원 원장님, 김한길 대표님, 김태일 총장님, 우찬규 대표님, 송희영 주필님, 최성각 선생님, 이현수 실장님, 이은주 선생님, 이석준 장관님, 박종범 회장님께 감사드린다. 지극히 통속적인 표현이겠지만 여러 선생님의 관심과 지도, 격려가 뼈가 되고, 피가 되고, 살이 되었다. 이분들의 관계성이 없었더라면 과연 어떻게 되었을까. 그래서 더욱 감사의 기도를 바쳐야겠다.

지극히 세속적인 목표를 세우고, 세속적인 직업을 선택해 살아왔기에 종교적 가르침에 목말랐다. 정만 스님, 현응 스님, 지형은 목사님, 이강서 신부님, 금강 스님께도 두 손 모아 큰절을 올린다.

벌써 아이들이 대학생이 됐다. 초고를 읽게 하고 코멘트를 부탁했다. 둘이 다른 관점과 눈높이로 수십 군데에 빨

간펜을 그어 주었다. 놀랍고 고마운 일이다. 이 책은 가장 기초적으로 내 생각을 나의 아이들에게 전달하는 것이 목적이었다. 그런데 아이들 스스로가 나의 메시지를 정갈하게 다듬었다. 누가, 누구에게 전하는 건지 모르겠다.

얼마 전 알게 된 문장이 하나 있다. 자주 살펴 외우곤 한다. "내 삶의 증인을 잃었으니, 앞으로 되는대로 살게 될까 걱정입니다."(소小 플리니우스) 벌써 25년 전 일이다. 돌아가신 아버지에 대한 생각이 여전히 이렇다. 지금도 불쑥 전화를 걸어 주실 것 같은 착각에 빠질 때가 있다. 그렇게도 그립다. 지금도 나를 보고 계실 거라 생각하며 산다. 아버지의 눈엔 나는 여전히 철없고, 실패를 쌓아 가는, 실패를 해내는 아이일 것이다.

주

1부 실패를 위한 변론

1장

1 톰 굿윈이 2015년 3월 '테크크런치(TechCrunch)'에 기고한 'The Battle Is For The Customer Interface'라는 글에서 발췌하여 정리했다. 원문은 다음과 같다. "Uber, the world's largest taxi company, owns no vehicles. Facebook, the world's most popular media owner, creates no content. Alibaba, the most valuable retailer, has no inventory. And Airbnb, the world's largest accommodation provider, owns no real estate. Something interesting is happening."

2장

1 제프 호킨스의 스탠퍼드대학 강연. 2002.10.23. 원문은 다음과 같다. "You are not your company. you are not your product. … Your company may fail. Your product may fail but you're not going to be a failure. you only feel that way." https://www.youtube.com/watch?v=s6Ndq2-rGO0

2 『정신과 물질』, 다치바나 다카시·도네가와 스스무 저, 한승동 역, 곰출판, 2020. 참조.

3장

1 고등래퍼2 우승자 김하온, 부모님 설득시킨 '자퇴 계획서', YTN, 2018.04.16. https://star.ytn.co.kr/_sn/0117_201804161005066964

2 롤 슈퍼스타 '페이커' 이상혁, '남들과 다른 게 좋아요', 포모스, 2014.03.12. https://sports.news.naver.com/news.nhn?oid=236&aid=0000098606

3 [김누리 칼럼] 불복종을 위한 교육, 한겨레신문, 2022.04.26. https://www.hani.co.kr/arti/opinion/column/1040457.html 학력평가 누구를 위한 것인가, 목수정, 경향신문, 2013.12.05. https://www.khan.co.kr/opinion/column/article/201312052041075

4 「사회자본에 대한 교육의 역할과 정책방향」, pp.65~66, 김희삼, 한국개발연구원 연구보고서 2017-6.

5 노르웨이, 金12개, 세계1위 '금전보상 0원에 성적 집착 안해 성공', 뉴시스, 2022.02.16. https://newsis.com/view/?id=NISX20220216_0001760946&cID=10101&pID=10100

6 "K팝 시스템, 올림픽 선발처럼 가혹 독설 퍼부은 독일 공영방송", 조선일보, 2020.10.20. https://www.chosun.com/international/europe/2020/10/20/GEFNSZJUMRFTBHZAG6VLAD7N3Y/?utm_source=naver&utm_medium=original&utm_campaign=news

4장

1 "나를 정상으로 이끈 건 행운이 아니라 열정", 조선일보, 2020.06.09. https://www.chosun.com/site/data/html_dir/2020/06/09/2020060900029.html

2 「이렇게 한심한 시절의 아침에」, p.58 백무산 저, 창비, 2020.

3 「나를 바꾸는 하버드 성공 수업」, p.112, 류웨이위 저, 이재희 역, 리드리드출판, 2020.

4 "'실패하면 패가망신'…한국 中小 창업 인식 OECD 꼴찌 수준", 연합뉴스, 2017.05.24. https://www.yna.co.kr/view/AKR20170523168200030

5 「돈의 심리학」, p.248~249, 모건 하우절 저, 이지연 역, 인플루엔셜, 2021. 참조.

5장

1 과르디올라가 최고인 이유 "승리 직후 샤워하며 다음을 생각한다", SPOTV NEWS, 2019.05.04. https://www.spotvnews.co.kr/news/articleView.html?idxno=286323

2 「긴즈버그의 말」, p.151, 루스 베이더 긴즈버그·헬레나 헌트 저, 오현아 역, 마음산책, 2020. 참조.

3 원문은 다음과 같다. "I've missed more than 9000 shots in my career. I've lost almost 300 games. 20 times, I've been trusted to take the game winning shot and missed. I've failed over and over and over again in my life. And that is why I succeed."

4 "스즈키 이치로는 철학자다", 한겨레, 2016.07.01. https://www.hani.co.kr/arti/sports/baseball/750598.html

5 '피플인사이드' 슈퍼기억력 에란 카츠 "행복을 위해 망각 또한 중요", 서울경제, 2013.06.19. https://n.news.naver.com/entertain/article/011/0002349268

6 『선악의 저편·도덕의 계보』, pp.395~396, 니체 저, 김정현 역. 책세상. 2002. 참조.

6장

1 "실패도 수습도 빨리하는 게 성공 비결", 경향신문, 2010.10.15. https://www.khan.co.kr/article/201010152120575

2 『계속해서 실패하라』, 제임스 다이슨 저, 박수찬 역, 미래사, 2012. 참조.

3 『구글의 미래』, p.160, 토마스 슐츠 저, 이덕인 역, 비즈니스 북스, 2016. 참조.

4 코카콜라 새 CEO 퀸시 '보신주의'와 전쟁 선포, 시사뉴스, 2017.09.06. http://m.sisanewsn.co.kr/news/articleView.html?idxno=658

5 원문은 다음과 같다. "Virtually nothing comes out right the first time. Failures, repeated failures, are fingerposts on the road to achievement. The only time you don't want to fail is the last time you try something."

7장

1 [거제 현장스케치]NBA 스타 바클리 명언, 한화 캠프에 걸린 이유는?, 스포츠조선, 2021.02.24. https://sports.chosun.com/news/ntype.htm?id=20210205010004529000279 5&servicedate=20210204

2 『위대한 패배자』, p.67, 볼프 슈나이더 저, 박종대 역, 을유문화사, 2005.

2부 실패 문화를 분석하다

8장

1 『내게는 수많은 실패작들이 있다』, p.172, 노라 에프런 저, 김용언 역, 반비, 2021.

2 『내게는 수많은 실패작들이 있다』, p.165, 노라 에프런 저, 김용언 역, 반비, 2021.

3 [실패를 듣다]맨땅에서 일군 사업… '자만'이 망쳤다, 편집자 주, 2020.01.02. https://www.newsis.com/view/?id=NISX20191231_0000875984

4 '흙수저' 바이든, 아버지의 "일어나!" 되새기며 역경 이겨냈다 [미국 바이든 시대..

바이든을 만든 사람들], 파이낸셜뉴스, 2020.11.09. https://www.fnnews.com/news/202011091819071979

9장

1 [김인수 기자의 사람이니까 경영이다] 실패 이력서 쓰기: 실패는 비정상이 아니라 정상이다, 매일경제, 2016.05.04. https://www.mk.co.kr/opinion/columnists/view/2016/05/322673/

2 『콜린 파월의 실전 리더십』, p.382, 콜린 파월 저, 토니 콜츠 역, 샘터, 2013.

10장

1 실패 축하 파티, 실패의 벽, 올해의 실패왕 : '실패 파티' 열고 '실패왕' 선발 … 위험 회피하지 않는 과감한 도전 장려, 프리미엄조선, 2016.09.16. http://premium.chosun.com/site/data/html_dir/2016/08/31/2016083102209.html

2 1995년 3월 9일, 삼성전자 구미사업장에서 이건희 회장의 지시로 '애니콜 화형식'이 진행되었다. 2000여 명의 임직원이 모인 자리에서 불량으로 판명 난 휴대폰과 무선전화기 팩시밀리 15만 대를 해머로 부수고 기름을 뿌려 전부 불태운 일을 말한다. 1993년 6월 이건희 회장의 신경영선언 이후 품질관리는 무엇보다 중요한 요소였다. 이는 화형식 당시 내걸린 현수막 문구인 '품질은 나의 인격이오! 자존심!'이라는 문구를 통해 엿볼 수 있다. 애니콜 화형식 이후 삼성전자는 30% 수준이던 국내 휴대폰 시장 점유율을 4개월 후 50%로까지 끌어올렸다. 기사 참고: '애니콜 화형식' 계기 훨씬 큰 삼성 … 기억하라 1995!, 매일경제, 2016.10.14. https://www.mk.co.kr/news/special-edition/view/2016/10/719580/

11장

1 『실패를 감추는 사람, 실패를 살리는 사람』, 하타무라 요타로 저, 정택상 역, 세종서적, 1992. 참조.

13장

1 선동열과 이치로 : 『야구는 선동열』, 선동열 저, 민음인, 2019. 참조.

2 [김동열의 행복한 경제] 실패자 마윈, 아주경제, 2017.03.15. https://www.ajunews.com/view/20170315105337541

3 "해변에서도, 벌판에서도, 언덕에서도 싸울 것"…젤렌스키 항전 연설, 한겨레신문, 2022.03.09. https://www.hani.co.kr/arti/international/europe/1034157.html

4 『위대한 패배자들』, p.368, 볼프 슈나이더 지음, 박종대 옮김, 을유문화사, 2005.

14장

1 『일본은 어디로 향하는가』, p.233, 사토 마사루, 가타야마 모리히데 저, 송태욱 역, 열린책들, 2021.

2 [사교육비 역대최대] "정시확대로 학부모 불안, 사교육으로", 내일신문, 2022.03.16. http://www.naeil.com/news_view/?id_art=417104

3 『둠 재앙의 정치학』, pp.259~260, 니얼 퍼거슨 저, 홍기빈 역, 21세기북스, 2021. 참조.

3부 실패를 해낸다는 것

15장

1 『승자의 뇌』, pp.227~228, 이안 로버트슨 저, 이경식 역, RHK, 2013. 참조.

2 '배추는 포기를 셀 때나', 중앙일보, 장혜수, 2020.07.31. https://www.joongang.co.kr/article/23837824

16장

1 [조용헌 살롱] [1303] 스티브 잡스가 읽은 요가난다 자서전, 조선일보, 2021.06.28. https://www.chosun.com/opinion/specialist_column/2021/06/28/YZ7SVZX2JVAQBBMRMTT4ZQWC7I/?utm_source=naver&utm_medium=referral&utm_campaign=naver-news

2 『긍정과 도전의 길』, pp.222~223, 오연천 저, UUP, 2022.

3 『베조스 레터』, 스티브 앤더슨 저, 한정훈 역, 리더스북, 2019. 참조.

18장

1 美 외교관 본국 보고 "오징어 게임, 한국인 경제적 좌절감 반영", 중앙일보, 2021.10.17. https://www.joongang.co.kr/article/25015595

2 미주도 울컥 눈물 흘렸다… "모두가 승자" 깐부 오영수의 말, 중앙일보, 2021.10.17. https://www.joongang.co.kr/article/25015478

3 이창용 "잠재성장률 저하 문제 시급… 민간 생산성 향상 등 필요", 이데일리, 2022.04.17. https://www.edaily.co.kr/news/read?newsId=02194326632297104&mediaCodeNo=257&OutLnkChk=Y

4 『코로노믹스』, p.32, 다니엘 슈텔터 저, 도지영 역, 더숲, 2020.

19장

1 『이놈의 경제가 사람잡네』, p.58, 안드레아 토르니엘리, 자코모 갈레아치 저, 최우혁 역, 갈라파고스, 2016.

2 "약자를 먼저 생각하는 경제", 이정우 교수, 한겨레신문, 2014.08.28. https://www.hani.co.kr/arti/economy/economy_general/653296.html

3 『요즘 애들』, p.40, 앤 헬렌 피터슨 저, 박다솜 역, 알에이치코리아(RHK), 2021. 재인용.

4 『어른이라는 진지한 농담』, 알렉산더 폰 쇤부르크 저, 이상희 역, 추수밭(청림출판), 2021. 참조. 밥 딜런의 원문은 다음과 같다. "He asked me about my family. I told him about my grandma on my mom's side who lived with us. She was filled with nobility and goodness, told me once that happiness isn't on the road to anything. That happiness is the road. Had also instructed me to be kind because everyone you'll ever meet is fighting a hard battle."

20장

1 『구글드 Googled』, 켄 올레타 저, 김우열 역, 타임비즈, 2010. 참조.

2 『실리콘밸리 스토리』, p.25~26, 황장석 저, 어크로스, 2017.

3 『최고의 석학들은 어떻게 자녀를 교육할까』, pp.42~49, 마셜 골드스미스, 알란 더쇼비치, 앨런 맥팔레인 외 32명 저, 허병민 편, 박준형 역, 2017. 참조 및 정리.

21장

1 '블랙팬서' 보스만 2년전 투병중 졸업축사 "실패 길 택하세요", 중앙일보, 2020.08.30. https://www.joongang.co.kr/article/23860094home

2 암 정복에 미쳐 있던 '이 남자'… 코로나 극복 '광속 작전' 인류에 코로나 백신을 선물하다, 한경, 2021.05.09. https://www.hankyung.com/international/article/2021050928461

3 『세계 100대 작품으로 만나는 현대미술 강의』, p.10, 캘리 그로비에 저, 윤승희 역, 생각의 길, 2017.

실패를 해낸다는 것

1판 1쇄 펴냄 2022년 7월 29일
1판 5쇄 펴냄 2022년 9월 22일

지은이 | 최재천
발행인 | 박근섭
책임편집 | 강성봉
펴낸곳 | ㈜민음인

출판등록 | 2009. 10. 8 (제2009-000273호)
주소 | 135-887 서울 강남구 도산대로 1길 62 강남출판문화센터 5층
전화 | 영업부 515-2000 편집부 3446-8774 팩시밀리 515-2007
홈페이지 | minumin.minumsa.com

도서 파본 등의 이유로 반송이 필요할 경우에는 구매처에서 교환하시고
출판사 교환이 필요할 경우에는 아래 주소로 반송 사유를 적어 도서와 함께 보내주세요.
06027 서울 강남구 도산대로 1길 62 강남출판문화센터 6층 민음인 마케팅부

㈜민음인은 민음사 출판 그룹의 자회사입니다.